O Senhor é o meu psicólogo, nada me faltará

Edomm Hezrom

O Senhor é o meu psicólogo, nada me faltará

MENSAGENS DE FÉ, ESPERANÇA E CONFORTO

1ª Edição

Cotia, 2022

Os direitos desta edição pertencem à
Editora Pé da Letra
Rua Coimbra, 255 - Jd. Colibri - Cotia, SP, Brasil
Cep 06712-410
Tel.(11) 3733-0404
vendas@editorapedaletra.com.br
www.editorapedaletra.com.br

DIRETOR RESPONSÁVEL James Misse
EDIÇÃO Edomm Hezrom
CAPA Sueli Issaka (Editora Pé da Letra)
IMAGEM/CAPA iStock

Impresso no Brasil, 2022

Dados Internacionais de Catalogação na Publicação (CIP)
Angélica Ilacqua CRB-8/7057

Hezrom, Edomm
    O senhor é meu psicólogo, nada me faltará / Edomm Hezrom. – 1. ed. – Cotia, SP : Pé da Letra, 2022.
    134 p. : il., color.

ISBN 978-65-5888-571-9

1. Bíblia - Psicologia 2. Psicologia religiosa I. Título

22-2066   CDD 200.19

Índices para catálogo sistemático:
1. Bíblia - Psicologia

Todos os direitos reservados. Nenhuma parte desta publicação pode ser reproduzida, armazenada em um sistema de recuperação, ou transmitida, de qualquer forma ou por qualquer meio, eletrônico, mecânico, fotocopiador, de gravação ou outro, sem autorização prévia por escrito, de acordo com as disposições da Lei 9.610/98. Quaisquer pessoas que pratiquem atos não autorizados em relação a esta publicação podem ser responsáveis por processos criminais e reclamações cíveis por danos. Esta editora empenhou-se em contatar os responsáveis pelos direitos autorais de todas as imagens e de outros materiais utilizados neste livro. Se, porventura, for constatada a omissão involuntária ou equívocos na identificação de algum deles, dispomo-nos a efetuar as correções em edições futuras.

Agradecimentos

Em primeiro lugar, quero agradecer a Deus, por ter confiado a mim o ministério da pregação.
Agradeço ao meu irmão, Edemm Shalom, por ter me ajudado na publicação deste livro e por ter acreditado nesse sonho e também aos meus pais (Waldomiro de Deus e Lourdes de Deus) pelas orações e pelo apoio.
Minha gratidão, ainda, a Simone Vieira, Luiz Kirsh, Rev. Saulo Pereira Carvalho, Vitória Oliveira, Rebeca Kirsh e Eduardo Pedrosa, pelas contribuições e atenção.

Prefácio

Com toda a certeza, as Escrituras Sagradas são referências teológicas e doutrinárias para a vida de um cristão. Todavia, o leque de interação do Texto Sagrado vai além do aspecto teológico. As Escrituras são repletas de poesias, narrativas, expressões de sentimentos, conselhos práticos e tratamento para os descompassos da vida.

De uma maneira peculiar e provocativa, Edomm Hezrom levanta a questão da orientação dos assuntos relativos à terapêutica do coração e da alma. A cultura secular, com a influência da psicologia de inspiração europeia, tem sido muitas vezes uma referência normativa inquestionável para muitos conselheiros cristãos. A obra de Edomm apresenta uma proposta interessante no sentido de levar o cristão comum a explorar ao máximo o potencial do Texto Bíblico como fonte de sustentação psicológica e emocional.

Ainda que se possa discordar da abordagem proposta na obra, cremos ser valioso e significativo ler essa obra sem preconceitos. Há muita coisa digna de atenção e consideração, de utilidade para a vida cotidiana prática de todos nós.

Luiz Sayão

Apresentação

Por que você deveria confiar em Deus como o seu psicólogo? Vou lhe dar três razões:

Em primeiro lugar, porque foi Deus quem deu as emoções a você, e Ele é melhor do que ninguém para lidar com elas.

Deus pode lidar com suas emoções por meio de sua palavra, e uma das verdades que encontramos na Bíblia é que Deus quer te controlar por inteiro. Viver uma vida controlada por aquilo que Deus falou não por nossas emoções, é um dos propósitos de Deus.

Em segundo lugar, porque, além de lidar com nossas emoções, Deus nos oferece respostas. O homem tem procurado respostas para dilemas como: "Por que não me sinto bem comigo mesmo?"; "Por que não consigo me relacionar direito com os outros?"; "Por que a vida é tão difícil?". Não há nenhum problema com tais perguntas, mas sim, onde procura as respostas. Alguns acham que a Bíblia é um livro velho e desatualizado, por isso dizem: "Precisamos achar as respostas para nossos dilemas em uma nova filosofia; fora com esse livro velho e ultrapassado!"

Mas a verdade que as Escrituras dizem sobre si mesmas é que não há nenhum problema para o qual elas não deem resposta. Isso ficará bem claro quando o leitor terminar de ler o livro.

E, em terceiro lugar, porque Deus nos dá uma nova visão da vida. Passamos a olhar as decepções, os sofrimentos e as adversidades com outros olhos. Qualquer circunstância que seja, qualquer emoção negativa, qualquer problema: Deus nos oferece, por meio da Bíblia, novas perspectivas.

O livro "O Senhor é o meu psicólogo, nada me faltará," tem o propósito de ajudar o leitor a lidar com suas emoções, com problemas de relacionamentos e as circunstâncias difíceis da vida.

Para Deus, não existe nada complicado: como está escrito: "Deus é a minha fortaleza e a minha força, e ele perfeitamente desembaraça o meu caminho" (2 Samuel 22:33). Essa é a minha grande motivação em escrever este livro!

Quando publiquei a primeira edição, algumas pessoas disseram-me que se parecia com um livro de autoajuda. Não se trata desse gênero, pois o termo "autoajuda" significa que um indivíduo tem o poder e a capacidade de ajudar a si mesmo, de se desenvolver sem ajuda dos outros. Por todo o livro, o leitor verá que enfatizo o relacionamento com Deus, a fé em Deus, a esperança em Deus. Sendo assim, afirmo que se trata de um livro de ajuda do alto e não de autoajuda.

Comecei a escrever este livro no ano de 2008, mas ainda não sabia que minhas mensagens se tornariam um livro. A cada mensagem pregada no meu grupo, eu escrevia na íntegra os sermões. Isso tudo aconteceu durante seis anos, quando preguei várias mensagens sobre diversos temas. Pude ver o crescimento espiritual na vida de muitos crentes que me ouviram.

Pensei, então: como eu poderia compartilhar todos os sermões que estão escritos e guardados? Foi quando tive a ideia de colocar, de forma bem resumida, as principais ideias de cada mensagem neste livro. Aqui apresento um resumo de cada uma dessas pregações, na expectativa de que Deus fale com você.

Edomm Hezrom
Goiânia, 27 de agosto de 2012.

Sumário

CAPÍTULO 1
Como lidar com o medo 15

CAPÍTULO 2
Como lidar com a depressão 17

CAPÍTULO 3
Como lidar com a frustração 19

CAPÍTULO 4
Como lidar com a preocupação 25

CAPÍTULO 5
Como lidar com o estresse 29

CAPÍTULO 6
Como lidar com o desânimo 33

CAPÍTULO 7
Como lidar com o fracasso 37

CAPÍTULO 8
Como lidar com a decepção 41

CAPÍTULO 9
Como lidar com o sofrimento 45

CAPÍTULO 10
Como lidar com a insatisfação 49

CAPÍTULO 11
Como lidar com a autoimagem negativa 53

CAPÍTULO 12
Como lidar com a inveja 57

CAPÍTULO 13
Como lidar com a ira 61

CAPÍTULO 14
Como lidar com o insulto 63

CAPÍTULO 15
Como lidar com pessoas difíceis 67

CAPÍTULO 16
Como lidar com pessoas ofendidas 71

Capítulo 17
Como lidar com o ressentimento 75

Capítulo 18
Como lidar com a perseguição 79

Capítulo 19
Como lidar com a solidão 83

Capítulo 21
Como lidar com a tentação 87

Capítulo 20
Como lidar com os maus hábitos 91

Capítulo 22
Como lidar com a culpa 95

Capítulo 23
Como lidar com os problemas 99

Capítulo 24
Como lidar com os seus gigantes 101

Capítulo 25
Como lidar com as demoras da vida 105

Capítulo 26
Como lidar com as tempestades da vida 109

Capítulo 27
Como lidar com a adversidade 113

Capítulo 28
Como lidar com a tolice 117

Capítulo 29
Como lidar com algo com que você não sabe lidar .. 121

Capítulo 30
Como lidar com o sentimento de vazio 125

Capítulo 3
Como ser feliz num mundo infeliz 129

Capítulo 1

Como lidar com o medo

Mas eu, quando estiver com medo, confiarei em ti (Sl 56:3).

Todos os dias nós temos a escolha de, ou crer que Deus está no controle, crer que Ele toma conta de nós, crer que ele tem coisas boas para nós, ou podemos viver preocupados, esperando o pior acontecer, duvidando de que Ele fará algo. Escuto pessoas dizendo: "Tenho medo de perder meu emprego, tenho medo de que o meu casamento não dure, tenho medo de que meus filhos se envolvam com más amizades". Eles não perceberam, mas estão escolhendo o medo ao invés da fé. O medo e a fé têm alguma coisa em comum: ambos nos pedem para crer que algo no futuro vai acontecer. O medo pede para crer no negativo e sempre espera o pior. O medo diz: "Essa doença já matou muita gente, você será o próximo". A fé diz: "Essa doença não é permanente, é apenas temporária". O medo diz: "Seu negócio está lento, você não vai a lugar nenhum. A fé diz: "Deus irá suprir todas as suas necessidades". O medo diz: "Você já passou por muitas coisas, por isso, nunca será feliz". A fé diz: "Seus melhores dias estão à sua frente". Você decide ter fé ou medo. É tudo uma questão de decisão.

Conheço pessoas que estão sempre esperando o pior, sempre pensando no mal que pode acontecer. Em nenhum lugar da Bíblia somos ensinados a esperar o pior. Viver pela fé é sempre esperar o melhor. Mesmo que aconteçam coisas ruins, você pode enfrentar tudo isso com fé.

Davi, o autor desse salmo, não diz aqui: "Se eu tiver medo". Ele diz: "No dia em que tiver medo"sl 56:3. Ele nunca disse que não sentia medo. Se Davi fosse um super-herói, alguém que nunca sentia medo, não poderia nos ajudar. Mas como era alguém que sentia medo, alguém que, às vezes, se preocupava, por essa razão, ele pode nos ensinar como confiar em Deus. O medo é um sentimento universal. Às vezes, pode ser bom, no sentido de nos proteger, mas quando assume o controle de nossa alma já se tornou algo ruim.

Quando o profeta Jeremias estava dentro do poço e clamou por socorro, Deus se aproximou e disse: "Não temas!" Lm 3:57. A razão é que o medo paralisa você e, assim, você não consegue ver o que Deus pode fazer. A única coisa de que você deve ter medo é do próprio medo. Não se atreva a ter medo. O que fazer então?

Fale com Deus assim: "Pai, o Senhor disse que bondade e misericórdia me seguirão todos os dias", então vou confiar em Ti. Faça como o salmista: *"No dia em que eu tiver medo, confiarei em Ti"* (Sl 56:3).

Capítulo 2

Como lidar com a depressão

> *Por que você está assim tão triste, ó minha alma? Por que está assim tão perturbada dentro de mim? Ponha a sua esperança em Deus! Pois ainda o louvarei; ele é o meu Salvador e o meu Deus* (Sl 42:5).

Cada um de nós tem um diálogo interno. Assim que acordamos, pela manhã, nosso eu começa a falar conosco. Eu acredito que falamos mais com nós mesmos do que com qualquer outra pessoa. A questão é: o que você tem falado para você mesmo? Sobre o que você tem meditado? Pensamentos positivos? Pensamentos que edificam? Ou você vive pensando em coisas negativas, pensamentos de derrota, dizendo a você mesmo coisas como: "Eu não sou atraente. Eu nunca vou me casar. Eu não sou talentoso. Eu nunca vou sair desse problema. Eu não sou disciplinado. Eu já cometi muitos erros. Nunca vou alcançar os meus sonhos. Eu tenho certeza que Deus não está contente comigo". Esses tipos de pensamentos e vozes negativas nos deixam deprimidos e nos impedem de alcançarmos o nosso mais alto potencial na vida. Há uma frase que diz: "Você não pode impedir que os pássaros voem sobre a sua cabeça, mas pode impedir que eles façam ninhos em cima dela". Não acolha pensamentos negativos. O que o salmista fez foi o seguinte: em vez de permitir que o seu eu falasse com ele, ele começou a falar consigo mesmo. "Por que estás abatida, ó minha alma?".

Quando estou ouvindo rádio e escuto algo de que não gosto, tudo o que faço é sintonizar em outra frequência. O mesmo acontece com o nosso pensamento. Não escute essas vozes que o têm deixado para baixo. Não fique sintonizado nas experiências ruins do passado, naquilo que não deu certo, nos erros que você cometeu. Livre-se dessas mensagens e experiências negativas. Comece a pensar no que você já conseguiu, no seu progresso hoje. Diga a si mesmo: "Eu sou talentoso. Eu tenho um futuro brilhante. Deus está comigo. Tenho tudo o que preciso para cumprir meu destino. Meus melhores dias estão à minha frente. Deus tem grandes coisas para mim".

Fale com o seu próprio eu, assuma o controle de si. Exorte a você mesmo dizendo: "Vou confiar em Deus, pois ainda o louvarei, a Ele, meu auxílio e Deus meu".

Capítulo 3

Como lidar com a frustração

> *Jabez invocou o Deus de Israel, dizendo:*
> *Ó Deus, abençoa-me e me alargues as fronteiras, que seja comigo a tua mão e me preserves do mal, de modo que não me sobrevenha aflição!*
> *E Deus lhe concedeu o que tinha pedido!* (I Cr 4:10).

Há uma frase que diz: Quando você sente que há algo errado é porque há algo errado. Muitas vezes, esse algo errado se chama frustração. Esse sentimento vem acompanhado de uma mensagem: "Sua vida deveria ser melhor, você deveria estar numa situação melhor, seu casamento deveria ser melhor, sua família deveria ser melhor, sua situação financeira deveria ser melhor". Todos nós nos sentimos frustrados, vez ou outra. Há um homem na Bíblia, chamado Jabez que passou por isso. Tenho que te confessar que a vida dele é uma fonte de ânimo para mim.

O nome Jabez é encontrado na Bíblia em meio a centenas de nomes (I Crônicas 4:9-10). A história dele é marcada pela frustração. O seu próprio nome já era motivo de frustração. Jabez significa "dor, aquele que causa sofrimento".

Diz o texto que sua mãe colocou esse nome porque ela o deu à luz com muitas dores. Não sabemos o que aconteceu, talvez a dor do parto tenha sido insuportável, talvez o pai tenha saído de casa nesse momento e agora ela se viu sem o mantenedor da casa, talvez alguém da família tenha morrido quando ele nasceu... Não sabemos! A única informação que temos é que Jabez teve um passado difícil e que sua mãe lhe deu esse nome.

Imagino que todas as vezes que alguém dizia: "Olá, Jabez", sentimentos como vergonha, tristeza, frustração tomavam conta do coração desse homem. Sua infância não deve ter sido fácil. Pense nos coleguinhas na escola dizendo: " Ei, dor; ei, sofrimento". "Jabez, por que sua mãe te deu esse nome, cara?". Com certeza ele se sentia frustrado ao olhar para sua vida.

No Antigo Testamento, o nome de uma pessoa funcionava como uma espécie de profecia. Pensa, por exemplo, em Salomão, que significa "aquele que traz a paz"; ou Josué, que significa "salvador". Todas as vezes que alguém dizia: "Olá, Josué", acredito que sentimentos de coragem, ânimo e alegria enchiam o seu coração ao ouvir o seu nome.

Quem sabe você seja como Jabez, talvez o emprego que você tem não seja aquele que sonhava, talvez a sua condição financeira não seja aquela que você esperava, ou talvez sua condição espiritual não seja a que você gostaria, talvez o seu passado tenha sido difícil, marcado por frustração atrás de frustração. O que Jabez fez? Como ele conseguiu lidar com isso?

Em primeiro lugar, diz o texto que Jabez invocou ao Deus de Israel. Note que há uma ênfase "ao Deus de Israel". Por que isso? É para mostrar que não é qualquer Deus. É o Deus que libertou o povo da escravidão, da frustração, da decepção. Jabez orou ao Deus vivo. O texto não diz que Jabez acendeu uma vela a uma estátua ou que ele conversou com o sacerdote da igreja local, não. Ele falou diretamente com Deus. Conte a Deus todas as suas frustrações. Não fique calado, não engula essas emoções negativas. Coloque para fora. Deus pode lidar com suas frustrações. Quero te dar uma advertência: se você não colocar essas emoções negativas para fora, elas irão parar no seu estômago. Livre-se delas, falando para Deus como você se sente.

Em segundo lugar, o texto nos mostra que Jabez pediu a bênção de Deus. Ele disse: "Me abençoe". A bênção não pode ser alcançada pelo seu próprio esforço. A palavra bênção é espiritual e o sentido é profundo. Significa que Deus, ao dar bênçãos, ele dá alegria, sucesso, paz. Mas há também o aspecto material envolvido nessa palavra. Portanto, ser abençoado é ser bem-sucedido espiritualmente, emocionalmente, e ter a provisão de Deus no dia a dia.

Peça a bênção de Deus. Faz parte do caráter de Deus abençoar, assim como um pai tem alegria em ver o filho brincando com o brinquedo que foi dado por ele. Deus se alegra quando você se alegra com as bênçãos dadas por ele.

Em terceiro lugar, ele orou, dizendo: "Alargues as minhas fronteiras". Ele se sentia frustrado e sabia que poderia ter mais êxito na vida. Se ele fosse uma mãe iria orar assim: "Deus, quero ter mais influência no meu lar"; se fosse um empregado em uma empresa diria: "Deus, quero subir de cargo nessa empresa"; se fosse um pastor diria: "Deus, quero uma igreja mais envolvida na sua obra"; se fosse um jovem solteiro, diria: "Deus, quero um relacionamento duradouro". "Alargues as minhas fronteiras". Sim, ele estava pedindo terras ao orar assim. Não é errado pedir bens materiais a Deus. A Bíblia não diz que é errado, diz que é perigoso. Você pode ter bens materiais, desde que eles não tenham você.

Em quarto lugar, Jabez pediu a proteção de Deus. Jabez disse: "Que a tua mão esteja sobre mim me livrando de dores. Jabez queria a presença de Deus. É muito perigoso amar as bênçãos de Deus e depois se esquecer do abençoador. Jabez queria a presença de Deus e a proteção contra os males. Provavelmente, ele estava indo se envolver em uma conquista de terras onde haveria a possibilidade de ser ferido em guerra. Assim como ele pediu que Deus o livrasse da dor que os inimigos pudessem causar, você pode pedir que Deus o livre das situações que causam frustração.

O que Deus fez? Diz a Bíblia que Deus atendeu a sua oração. Fico imaginando que se ele não tivesse sido corajoso para fazer essa oração, sua vida seria a mesma, cheia de frustração e tristeza. No entanto, ele decidiu fazer uma simples e pequena oração, que entrou para a história.

Eu creio que Deus pode fazer grandes coisas na sua vida, Ele pode fazer com que os dias que ainda lhe restam sejam melhores do que os dias que já se passaram. Faça como Jabez. Ore.

Capítulo 4

Como lidar com a preocupação

> *Portanto, eu lhes digo: não se preocupem com suas próprias vidas, quanto ao que comer ou beber; nem com seus próprios corpos, quanto ao que vestir. Não é a vida mais importante do que a comida, e o corpo mais importante do que a roupa? Portanto, não se preocupem com o amanhã, pois o amanhã se preocupará consigo mesmo. Basta a cada dia o seu próprio mal* (Mat 6:25,34).

Winston Churchill, primeiro ministro do Reino Unido, no ano de 1945, uma vez disse:

> Quando eu olho para trás e penso em todas aquelas preocupações, me lembro da história de um velho homem que no seu leito de morte disse: "Eu tive muitos problemas na vida, dos quais nunca realmente foram nenhum problema".

Pense nas suas preocupações do ano que se passou e verá que 90% das coisas que te preocupavam nunca aconteceram de fato.

A preocupação é irracional, inútil e prejudicial. Irracional porque ela pode sugerir que o elevador só se move para baixo. Inútil porque ela não ajuda você a solucionar os problemas. Também é prejudicial porque causa doenças como: úlcera, gastrite, etc.

Jesus sabia que a preocupação era algo perigoso e advertiu os seus discípulos. Ele disse que não devemos nos preocupar sobre o nosso amanhã.

Não há nenhum problema em pensar sobre o amanhã ou planejar algo para amanhã. O que Jesus nos diz aqui é: "Não pense que amanhã nada vai dar certo ou que Deus não irá sustentar você no futuro". Quando Jesus diz: "Não é a vida mais importante que a comida e o corpo mais importante do que a roupa?", ele quer dizer que: "Você não escolheu vir a este mundo e muito menos o corpo que tem. Então, se a sua vida e o seu corpo foram dados por Deus, fique tranquilo, porque ele irá prover tudo o que sua vida e seu corpo precisam".

É preciso confiar em Deus e também viver um dia de cada vez. Jesus disse: *"Basta a cada dia o seu próprio mal"*. Em outras palavras, Jesus está dizendo: "Não abra o guarda-chuva até que comece a chover". Faça o que você tem que fazer hoje e pare de pensar nos problemas que terá amanhã. Cada dia há uma tarefa para fazer, uma casa para limpar, uma conta a pagar, um desafio a superar. Por isso, não traga os problemas de amanhã para hoje.

Quando assisto a um filme do qual não gosto, tudo o que faço é pegar o controle e trocar de canal.

Não preciso ficar assistindo algo de que não gosto. A mesma coisa acontece com nossa mente. Muitas vezes, cenas criadas pela preocupação passam em nossas mentes. Em vez de trocar de canal, assistimos a tudo o que é mostrado. As cenas, muitas vezes, são: "Não vou sair desse problema; não vou conseguir aquele emprego; os concorrentes são bons demais; nunca vou conseguir pagar aquela conta; os juros estão ficando cada vez mais altos". Não assista a esse filme criado pela preocupação. Sintonize sua mente em outro canal que diz: "O Pai celestial sabe do que você precisa".

Quando você começar a se preocupar, fale com Deus sobre o que está te deixando assim. Em Filipenses 4:6, está escrito: "Não andem ansiosos por coisa alguma, mas em tudo, pela oração e súplicas, e com ação de graças, apresentem seus pedidos a Deus. Não se preocupe sobre nada, ore sobre tudo".

Capítulo 5

Como lidar com o estresse

> *Eu me deito e durmo, e torno a acordar, porque é o Senhor que me sustém* (Sl 3:5).

Muitas pessoas não conseguem dormir pois estão muito estressadas. Estudiosos dizem que o estresse pode ser causado pela ansiedade e depressão. O homem que escreveu o salmo 3 tinha muitas razões para viver ansioso e deprimido, e, consequentemente, estressado. Permita-me contar a história desse poeta.

O nome dele era Davi. Davi era rei e reinava em Jerusalém e, por causa da rebelião de um dos seus filhos, Absalão, teve que abandonar a sua cidade, o emprego, a família e se mudar para o deserto. Imagine você no lugar de Davi? Ele tinha razões de sobra para viver ansioso, deprimido, estressado. Pense comigo: saber que tem alguém nos perseguindo já nos dá arrepios, ainda mais quando esse alguém é o seu próprio filho.

Ele estava vivendo numa momento de incertezas. Será que ele iria continuar vivo no dia seguinte? Será que ele iria ver sua família de novo? Será que ele iria ter seu emprego de volta? Será que sua vida iria terminar num deserto? Tudo isso se passava na mente de Davi enquanto ele estava fugindo do seu filho. Imagino que seus problemas não chegam nem perto dos problemas que Davi enfrentou.

Veja como ele começou a escrever o salmo 3:1 "Senhor, muitos são os meus adversários! Muitos se rebelam contra mim!". Davi começa o salmo se queixando das dificuldades que ele estava enfrentando. Talvez você esteja se queixando dos seus problemas. Se quiser se queixar da vida, faça isso, mas faça da maneira certa. Ele se queixou para Deus. Guarde isso! Fale para Deus a quantidade dos seus problemas. Fale para Deus o que tem deixado você estressado.

Mas no versículo 5, ele faz uma grande declaração. Ele diz: "Eu me deito e durmo, e torno a acordar, porque é o Senhor que me sustém". Que declaração poderosa! Esse texto nos revela grandes lições.

A primeira lição que aprendemos é: a qualidade do seu sono revela a qualidade da sua fé. Davi podia dormir em meio a tudo o que estava acontecendo. Muitas vezes, o que ajuda alguém a lidar com o estresse é dormir um pouco. Mas é difícil dormir quando se está cheio de problemas. Davi não disse: "Eu me deito e durmo, pois sei que tudo vai dar certo"; ou: "Eu me deito e durmo porque tenho muitas habilidades com a espada"; ou: "Eu me deito e durmo porque tenho muitos soldados para me ajudar". Nada disso! Ele nos mostra que podia dormir porque o Senhor o sustentava. Essa é a grande diferença. Muitos podem se deitar, mas nem todos pegam no sono. Davi diz que podia se deitar e dormir tranquilo, como um bebê nos braços de sua mãe, pois sabia que Deus estava no controle.

Pare de tentar controlar tudo. Todas as vezes que você tenta controlar tudo, é porque está querendo fazer o que só Deus pode fazer. Pare de tentar ser Deus. Descanse um pouco, durma um pouco e pare de tentar controlar o incontrolável. Essa é uma das causas do estresse. Tentamos controlar pessoas, controlar situações, controlar resultados e, quando vemos que não conseguimos, ficamos estressados. Durma um pouco, confiante de que Deus está no controle.

Certa vez, Jesus, depois de um dia cheio, disse aos seus discípulos: "Vamos repousar um pouco." (Marcos 6:2). Note que Jesus sabia que dormir, descansar, relaxar é importante. Você só vai conseguir descansar se confiar em Deus.

Me lembro da história de um alpinista que ficou preso numa montanha. De repente, ele grita: "Tem alguém aí? Eu preciso de ajuda, não vou aguentar aqui por muito tempo, estou preso". Foi quando uma voz do céu disse: "Sim, eu estou te ouvindo, eu sou Deus! Apenas se jogue eu vou te segurar". Houve silêncio por um tempo. Ele disse: "Tem mais alguém aí?".

Muitas vezes, Deus está dizendo para você se desprender um pouco do seu trabalho e descansar, mas não confiamos em Deus o suficiente. Eis a razão de tanto estresse.

A outra lição que podemos aprender com o versículo 3 é: "quando estiver no meio de um estresse, tente perceber a presença de Deus". Parece algo impossível de ser feito não é? Como é que posso parar se estou estressado e como é que posso perceber uma presença? Na verdade, estou falando de tentar resolver tudo e tentar perceber com o coração a presença de Deus. Davi era alguém que vivia constantemente ciente da presença de Deus. Para ele, a presença de Deus era tão real quanto os seus inimigos. Já parou para pensar que Deus está aí do seu lado, leitor? Já parou para pensar que os olhos de Deus estão sobre você? Já parou para pensar que o Espírito de Deus está bem aí do seu lado, enquanto você lê este livro? Faça isso, e as coisas vão mudar, eu garanto. Viva consciente de que Deus está perto de você em meio a tudo o que você passa.

Pode até ser que o seu dia comece como o salmo começou, com uma queixa, porém, o seu dia terminará com um louvor se você confiar em Deus. Davi, no fim do salmo, diz: "Do senhor vem a salvação". Faça o que está ao seu alcance, mas deixe o incontrolável com Deus. Pode ser uma solução simples para o seu estresse, mas é poderosa. O Senhor está sustentando você.

"Eu me deito e durmo, e torno a acordar, porque é o Senhor que me sustém."

Capítulo 6

Como lidar com o desânimo

> *Por isso não desanimamos. Embora exteriormente estejamos a desgastar-nos, interiormente estamos sendo renovados dia após dia, pois os nossos sofrimentos leves e momentâneos estão produzindo para nós uma glória eterna que pesa mais do que todos eles. Assim, fixamos os olhos, não naquilo que se vê, mas no que não se vê, pois o que se vê é transitório, mas o que não se vê é eterno (2 Co 4:16-18).*

Um ladrão foi assaltar uma senhora que estava muito desanimada. Quando ele se aproximou dela, ele gritou: "Isso é um assalto! A bolsa ou a vida?". Ela disse: "Meu filho, tanto faz, pois tanto a bolsa quanto minha vida estão vazias!".

Ninguém está com uma arma apontada para sua cabeça dizendo: "Fique desanimado!". É você quem decide ficar assim. Você não nasceu desanimado. Sei que teve que aprender isso. A boa notícia é que você pode desaprender.

Ficamos desanimados por diversas razões, por exemplo: algo que não deu certo; o fim de um relacionamento; um plano que fracassou; a perda de um emprego; escassez financeira; uma igreja fria; pais exigentes... A lista é grande! São vários fatores que podem nos deixar desanimados.

O apóstolo Paulo diz: "Não desanimamos". Essa palavra estava fora do seu vocabulário. Esse grande apóstolo nunca escreveu em suas cartas coisas do tipo: "Orem por mim, pois estou muito desanimado com tudo o que está acontecendo nas igrejas". De maneira alguma! Por que ele era assim? A reposta é: ele não desanimava porque achava que seus sofrimentos eram "leves". Se você pudesse pegar a glória eterna e os seus sofrimentos e colocar tudo numa balança, veria que o peso da glória é incomparavelmente superior a todos os sofrimentos pelos quais você passou, passa ou irá passar nesta vida. Quando colocados numa balança, é possível ver como nossos sofrimentos são leves, comparados às riquezas que nos esperam.

O apóstolo ainda nos diz que os sofrimentos são momentâneos. Há quatro estações na natureza: inverno, verão, primavera e outono. No inverno, muitos se sentem tristes, pois não há muita coisa para fazer, mas, de repente, tudo muda. Vem a primavera, onde podemos plantar nossas sementes. Seria tolice alguém dizer: "Estou com muito frio, nada acontece, sei que o inverno nunca vai passar!". Não seria loucura pensar assim? Não importa quão frio seja esse inverno ou quão ruim possa ser. Sabemos que vai passar, é algo momentâneo. Paulo não desanimava porque sabia que os problemas eram momentâneos.

Imagino como deveria ser bom estar perto de um homem como o apóstolo Paulo. Já o contrário é muito ruim. Ficar perto de pessoas desanimadas é desanimador, porque o desânimo é contagiante.

Um homem estava querendo se jogar da ponte. De repente, alguém passa e tenta convencê-lo a não fazer isso. Depois de duas horas de conversa, a pessoa que foi tentar ajudar disse: "Realmente, você está certo em querer se matar, a vida é uma droga!". Os dois se jogaram da ponte. Como o desânimo é contagiante!

Outra lição importante para vencer o desânimo é prestar atenção onde você fixa os seus olhos. Paulo diz: "Fixamos os olhos, não naquilo que se vê, mas no que não se vê, pois o que se vê é transitório, mas o que não se vê é eterno".

Se você tem o hábito de se comparar com as pessoas, pare agora mesmo com isso! Não caia nesse erro! Olhe para o que é eterno, pense na eternidade.

Quando eu estudava no seminário, ficava desanimado com tantas provas, trabalhos e livros que tinha que ler. O que me ajudava era olhar para o futuro e pensar no fim. Eu me via recebendo o meu diploma. Isso me ajudou muitas vezes.

Se você acha que a vida não é justa, que nada dá certo para você, preste bem atenção no que você está fixando os seus olhos. Deus tem grandes coisas para você na eternidade. Visualize, imagine, pense nas coisas que esperam por você, na eternidade, e viva o hoje com entusiasmo.

Capítulo 7

Como lidar com o fracasso

> *Pouco tempo depois, os que estavam por ali chegaram a Pedro e disseram: "Certamente você é um deles! O seu modo de falar o denuncia". Aí ele começou a se amaldiçoar e a jurar: "Não conheço esse homem!" Imediatamente um galo cantou. Então Pedro se lembrou da palavra que Jesus tinha dito: "Antes que o galo cante, você me negará três vezes". E, saindo dali, chorou amargamente. "Vão e digam aos discípulos dele e a Pedro: "Ele está indo adiante de vocês para a Galiléia. Lá vocês o verão, como ele lhes disse (Mt 26:73-75, Mc 16:7).*

Pedro estava cheio de confiança quando disse: "Jesus, você é o Cristo!". Jesus elogiou a declaração de Pedro, dizendo que Deus o tinha usado naquele momento. Realmente, ele estava vivendo uma boa fase de sua vida. Ele teve sucesso na sua declaração. Porém, pouco tempo depois, Jesus disse que Pedro o negaria. Ele disse: "Senhor, não sei quanto aos outros, mas eu jamais te negarei! Eu sou Pedro; a rocha; fui usado por Deus naquela declaração de sucesso, lembra? Eu nunca te negarei!" Jesus disse: "Antes que o galo cante, três vezes você me negará".

Quando Jesus foi preso, Pedro foi identificado como um dos seus discípulos. O que ele fez? Diz a Bíblia que ela começou a amaldiçoar a si mesmo, algo do tipo: "Gente, pelo amor de Deus, eu não sei quem é esse homem! Quero que um raio caia na minha cabeça se eu estiver mentindo! Quero que Deus me castigue se eu o conhecer!" O galo cantou, exatamente como Jesus havia dito, e Pedro o negou três vezes. Ele fracassou.

Quando Jesus ressuscitou, um importante recado foi dado a Pedro: "Vão e digam aos discípulos dele e a Pedro: Ele está indo adiante de vocês para a Galiléia. Lá vocês o verão, como ele lhes disse" (Marcos 16:7). Jesus não se esqueceu daquele pescador impulsivo, cheio de si, que estava com o coração partido. É como se o anjo dissesse: "Avise os outros, ah, olha, não esqueça do Pedro, viu?".

A primeira lição sobre como lidar com o fracasso é: entenda que o seu fracasso não o desqualifica para ser usado por Deus. Jesus queria ver Pedro. Ele tinha boas notícias para ele. Talvez Pedro achasse que nunca mais seria usado por Deus, mas ainda havia uma nova chance. Deus é um Deus de segunda, terceira, quarta... infinitas chances!

A segunda lição sobre como lidar com o fracasso é: nunca use o fracasso como desculpa para não tentar de novo. Em Atos, capítulo 2, verso 41, está escrito que três mil pessoas aceitaram a mensagem de Deus. Advinhe quem pregou a mensagem? Ele mesmo: Pedro! Se ele tivesse dito: Sou um fracasso total, não quero mais me envolver no ministério! Não adianta tentar de novo, vou acabar no mesmo lugar, fracassando de novo; não teríamos o maravilhoso relato de Atos 2.

Se você fracassou e se sente vazio, isso é bom. Você está onde Deus quer. Talvez nesse exato momento, ao ler sobre fracasso, algumas de suas experiências tenham aflorado em sua mente. Lembre-se disso: se Pedro conseguiu lidar com o fracasso, você também pode conseguir. O mesmo Espírito que o capacitou está em você hoje! Você não é um fracasso, apenas não alcançou os resultados que queria. Você não é um fracasso, apenas fracassou. Não pense no fracasso como algo pessoal. Deus o ama, apesar do seu fracasso. Ele tem grandes planos para você. Se você se dispor a ser usado por Deus, como Pedro fez, garanto-lhe que o seu futuro poderá ser brilhante como foi o de Pedro.

Capítulo 8

Como lidar com a decepção

> *No terceiro dia houve um casamento em Caná da Galiléia. A mãe de Jesus estava ali; Jesus e seus discípulos também haviam sido convidados para o casamento. Tendo acabado o vinho, a mãe de Jesus lhe disse: "Eles não têm mais vinho (Jo 2:1-3).*

Se você nunca espera por nada na vida, nunca passará por decepção. Decepção faz parte da vida. Quem sabe você esteja decepcionado com você mesmo, ou decepcionado com Deus, com suas circunstâncias, com as pessoas. Talvez seus planos estivessem traçados, sua vida estava indo bem e, de repente, tudo mudou, a decepção roubou sua alegria. Você tinha expectativas, todos estavam torcendo por você, mas algo deu errado. Nesses momentos, não vemos sentido no que passamos. Lembre-se: frequentemente, com as maiores decepções vêm as maiores realizações de Deus.

Ao ler sobre o primeiro milagre de Jesus, podemos notar que, se o vinho não tivesse acabado nunca ouviríamos que Jesus transformou água em vinho. Sem dúvida o que poderia ser uma grande decepção se transformou no palco de uma grande realização.

A mãe de Jesus disse que o vinho, símbolo de alegria para os judeus, havia acabado. Os convidados poderiam pensar que nem o noivo e nem a noiva eram felizes. Podemos imaginar que centenas de pessoas estavam ali, queriam comer, beber, se alegrar, por um período de uma semana; esse era o costume dos judeus. Se Jesus não fizesse o milagre, os comentários que poderiam surgir na semana seguinte após o casamento seriam: "Você viu que decepção? O vinho acabou! Coitada da noiva, não gostaria de estar no lugar dela!". Mas tudo foi diferente. O relato é muito curioso porque o milagre não foi realizado por causa de uma desesperada necessidade humana, mas simplesmente com o objetivo de evitar uma decepção no casamento.

A primeira lição que podemos ver nesse texto é: Jesus está perto de você em momentos de decepção. Imagine a decepção que seria para os noivos de Caná da Galiléia? Talvez, nesse exato momento, você esteja pensando: "minha alegria no casamento, no trabalho, na igreja se foi." Você se sente decepcionado ao olhar para sua vida, sente que a alegria acabou. Jesus estava por perto e fez o seu primeiro milagre, para mostrar que ele pode trazer o que esta faltando em sua vida.

Em segundo lugar, quando estiver decepcionado, vá até Jesus e peça ajuda. Maria fez um pedido a Jesus e sua resposta foi: "Que temos nós em comum, mulher? A minha hora ainda não chegou". Jesus estava dizendo: "Eu sei que você está ansiosa que eu me revele, sei que quando eu nasci havia muitos comentários maldosos ao meu respeito e sei que essa seria uma boa oportunidade para que todos vissem de fato que eu sou diferente, como você sempre alegou. Sei que você passou por muitas decepções com os familiares, amigos e até mesmo pelo fato de José ter tentado abandoná-la quando você estava grávida de mim. Você deseja que eu faça algo para que as pessoas vejam que o que você sempre disse ao meu respeito é verdade. Ainda não é minha hora, Maria. Você precisa entender que servir a Deus não é fácil mesmo".

Mesmo Jesus tendo falado que sua hora ainda não havia chegado, Maria disse: "Façam tudo o que ele lhes mandar" (João 2:5). Maria sabia algo que nós precisamos saber: Jesus não conta só com a lei, ele conta com a graça e a misericórdia. Ninguém vai a Jesus e volta sem uma palavra de bênção, de graça e consolo. Não importa o que tenha roubado sua alegria, você precisa ir a Jesus. Embora o seu tempo de realizar milagres não houvesse chegado, sua graça foi revelada ali, naquele diálogo. Vale a pena ir até Jesus.

Capítulo 9

Como lidar com o sofrimento

> *Eis que temos por bem-aventurados os que sofreram. Ouvistes qual foi a paciência de Jó, e vistes o fim que o Senhor lhe deu; porque o Senhor é muito misericordioso e piedoso* (Tg 5:11).

Se tem um homem que soube o que é sofrer, esse homem foi Jó. Alguns acreditam que ele não foi uma pessoa real, mas isso não tem base bíblica. Tiago, em sua carta, cita o exemplo de Jó e diz que ele era um homem real, paciente e que soube suportar o sofrimento.

Falar de sofrimento é fácil, difícil é passar por ele. Quando sentimos a dor do sofrimento, conseguir alívio é o que mais queremos. Não há nenhuma pessoa que já veio a esse mundo que não soube o que é sofrer.

Embora o sofrimento seja algo doloroso em si, há muitas coisas boas que ele pode produzir. O sofrimento não deve ser visto como nosso inimigo, mas, sim, como nosso mestre. Podemos aprender lições que não aprenderíamos de outra maneira. Por isso, quando o sofrimento bater à sua porta, aprenda com ele.

Em primeiro lugar, quando estiver sofrendo, procure alívio no lugar certo. Corra para Deus, procure conhecê-lo mais. No sofrimento você não deve correr de Deus, e sim correr para Deus. Jó, em nenhum momento, correu de Deus. Diz o livro de Jó que ele adorou a Deus, apesar de tudo. Esse homem perdeu tudo o que tinha em apenas uma tarde. O que você faz quando sofre? Resolve sair e se envolver com pessoas erradas? Começa a beber, fumar? O que você faz para conseguir o alívio para os seus sofrimentos? Deixe eu te ajudar: vá até Deus, fale com ele, abra o seu coração para Deus, Ele é seu Pai.

Em segundo lugar, mude o foco do seu sofrimento para o amor de Deus. Muitas pessoas ficam intrigadas quando pensam na morte de um ente querido, de um divórcio que aconteceu, uma demissão, uma doença que apareceu do nada. A reação da maioria das pessoas é achar que Deus não as ama mais. Sim, é difícil. Muitas coisas passam em nossa mente nesse momento. Temos que entender que, pelo fato de Deus permitir o sofrimento algumas vezes, não é para o nosso mal.

Um casal levou o filho ao médico. O doutor disse ao pai do garoto: "Você precisa segurar seu filho com força". A mãe estava vendo tudo, mas preferiu sair a ver seu filho ser agulhado pelo doutor. O menino poderia pensar: Meu pai está me fazendo sofrer, por que ele não me ajuda?, mas o pai sabia que filho precisava daquela injeção para não ficar doente.

Deus também faz isso. Às vezes, Ele permite o sofrimento para o nosso bem, mas achamos que ele não nos ama. O que vai te ajudar nesses momentos de sofrimento é: pare de focar nos seus sofrimentos e foque no amor de Deus. Eu não sei porque você está passando por tantos sofrimentos, mas uma coisa, eu sei, Deus ama você.

Capítulo 10

Como lidar com a insatisfação

> *Alegro-me grandemente no Senhor, porque finalmente vocês renovaram o seu interesse por mim. De fato, vocês já se interessavam, mas não tinham oportunidade para demonstrá-lo. Não estou dizendo isso porque esteja necessitado, pois aprendi a adaptar-me a toda e qualquer circunstância. Sei o que é passar necessidade e sei o que é ter fartura. Aprendi o segredo de viver contente em toda e qualquer situação, seja bem alimentado, seja com fome, tendo muito, ou passando necessidade. Tudo posso naquele que me fortalece (Fl 4:10-13).*

Não sei se você já pensou nisso, mas o objetivo dos comercias de televisão é produzir insatisfação. Suponha que você tenha comprado um carro novo e, ao chegar em casa, diz: "Estou satisfeito!". No entanto, ao ligar a televisão, percebe que acabaram de lançar o mesmo carro com um novo design e uma nova opção. Ao ver tudo aquilo sendo oferecido, você logo pensa no seu carro e diz: "Preciso ter esse carro, estou insatisfeito".

Infelizmente, há muitas pessoas que não estão satisfeitas com suas posses, empregos, relacionamentos. Elas estão infelizes e querem ter algo mais. Se você está insatisfeito, quero lhe ensinar um segredo chamado: contentamento.

Para muitas pessoas, quando se fala em contentamento, a ideia que elas têm é de alguém que vive sempre sorrindo o tempo todo, mas Paulo não pensava assim. A palavra usada no original para contente é, literalmente, autossuficiente. Paulo era autossuficiente na suficiência de Cristo. Ele nos diz que chegou a um ponto na vida em que não precisava que as circunstâncias fossem favoráveis para ser feliz. Paulo não era vítima das circunstâncias. Se você for esperar a circunstância perfeita para ser feliz nunca o será. Paulo aprendeu algo importante, mas como? Pela experiência. Deus usou muitas situações para ensinar isso ao apóstolo. Ele disse que aprendeu o segredo. Ele nem sempre foi uma pessoa contente. Se ele pode aprender, você também pode. Como então lidar com a insatisfação?

A primeira lição é: você precisa aprender a se adaptar. Sei que existem situações que podemos mudar. Se você pode fazer algo para melhorar sua vida, faça isso usando meios legais. Se for falta de dinheiro, por exemplo, trabalhe, monte o seu negócio, faça algo. A Bíblia, em nenhum lugar, promove a pobreza. Porém, existem situações que estão fora do seu controle. Não importa o que você faça, nada irá mudar. São nessas horas que você precisa aprender a se adaptar. O segredo para lidar com a insatisfação é adaptação.

A segunda lição é: entenda que o contentamento está na mente e não na extensão de suas posses. É possível ser rico e insatisfeito. Se você está insatisfeito com algo é porque há algo errado com o seu pensamento. É possível morar numa mansão, sentar-se num trono e ser insatisfeito. Também é possível morar em um barracão, sentar-se numa cadeira quebrada e estar satisfeito. Agradeça a Deus pelo que você tem hoje.

A terceira lição é: dependa do poder de Cristo para lidar com a insatisfação. Paulo disse: "Tudo posso". O que ele quer dizer é: Eu posso passar por qualquer situação, porque Cristo está constantemente infundindo força em minha alma. Você não tem uma usina de força dentro de você, não pode viver uma vida satisfeita sem a força de Cristo. Cristo é a chave para o contentamento. Foque em Cristo e viva pelo poder dele. Algumas vezes, Deus vai usar situações ruins para ensiná-lo dependência. Quando isso acontecer, agradeça a Deus por estar lhe ensinando o contentamento.

Capítulo 11

Como lidar com a autoimagem negativa

> *Então o Anjo do Senhor veio e sentou-se sob a grande árvore de Ofra, que pertencia ao abiezrita Joás. Gideão, filho de Joás, estava malhando o trigo num tanque de prensar uvas, para escondê-lo dos midianitas. Então o anjo do Senhor apareceu a Gideão e lhe disse: "O Senhor está com você, poderoso guerreiro* (Jz 6:11-12).

Para ser um crente impactante, você precisa se sentir bem consigo mesmo. Um crente deprimido, azedo, triste, desanimado, é uma péssima recomendação ao cristianismo. Para você se sentir bem consigo mesmo, precisa se olhar como Deus o olha. Na conversa de Deus com Gideão, vemos uma lição importante sobre como Deus nos olha e como devemos nos olhar.

Quando Deus falou com Gideão, diz o texto, que ele estava malhando o trigo para escondê-lo dos inimigos. Parece ironia, mas Deus o chamou de "poderoso guerreiro". A lição é simples: aquilo que você pensa de você não determina quem você é. Deus é quem determina. Deus vê um grande potencial em você. Pare de dizer que é uma pessoa comum. Não mesmo! Deus não o fez uma pessoa comum, Ele o fez uma pessoa extraordinária, com um grande potencial. Certa vez, um pregador orou assim: "Deus, tenha misericórdia de mim, porque sou pobre, cego, nu e miserável pecador". Só que há um problema com essa declaração. Depois que Cristo morreu pelos nossos pecados, nós deixamos de ser cegos, pobres, nus e miseráveis. Hoje recebemos as riquezas da graça de Cristo. Hoje vemos o que Deus preparou para nós. Hoje estamos vestidos da justiça de Cristo. Hoje somos filhos do Deus todo poderoso.

Quando você lê sobre os heróis da fé, os quais o autor de Hebreus no capítulo 11 fala, talvez pense: Eu não chego nem perto deles! Mas vamos nos lembrar de algumas coisas que eles fizeram: Noé era um bêbado, Abraão era muito velho, José era sonhador, Jacó era mentiroso, Lia era feia, Moisés era gago, Gideão era um medroso, Sansão tinha um cabelão e era mulherengo, Raabe era prostituta, Jeremias e Timóteo eram muito jovens, Elias tinha tendência suicida, Isaías pregou nu, Jonas correu de Deus, Naomi era uma viúva, Jó faliu, João Batista comia gafanhotos, Pedro negou Jesus, Os discípulos dormiram enquanto Jesus orava, Marta era preocupada, a mulher samaritana divorciou-se e se casou mais de uma vez, Zaqueu era muito pequeno, Paulo era muito religioso, Timóteo tinha úlcera, Lázaro estava morto. Se Deus pode usar todos esses homens e mulheres, com certeza Ele pode usar você.

Comece falando coisas para você mesmo, como: Sou filho do Deus Todo-Poderoso, sou perdoado, tenho o Espírito de Deus em mim, sou nova criação, pela graça de Deus sou o que sou, não sou o que eu penso que sou, sou o que Deus pensa que sou. Ele me conhece. Ele me vê e sabe que sou valioso para ele.

Capítulo 12

Como lidar com a inveja

O rancor é cruel e a fúria é destrutiva, mas quem consegue suportar a inveja?" "Mas, se tendes amarga inveja, e sentimento faccioso em vosso coração, não vos glorieis, nem mintais contra a verdade. Essa não é a sabedoria que vem do alto, mas é terrena, animal e diabólica (Tg 3:14-15 Pv 27:4).

Um pregador muito famoso estava fazendo uma série de palestras numa pequena cidade do interior. Alguém avisou o pastor da pequena igreja local que, por causa das palestras desse grande orador, muitos membros da pequena igreja não iriam ao culto de domingo. Uma pessoa fez a seguinte pergunta ao pastor da pequena igreja: "Pastor, sabemos que a grande maioria dos membros de nossa igreja não virão ao culto. O senhor sente um pouco de inveja desse famoso pregador?". A resposta do pastor foi: "Meu irmão, a única maneira de eu não sentir inveja desse respeitado pregador é orar por ele e desejar que Deus o use a cada dia naquilo que lhe foi confiado, é o que eu tenho feito mesmo antes de ele vir a esta cidade".

A definição mais simples de inveja que já vi é: sentir tristeza ao ver alguém sendo bem-sucedido em algo. Você já sentiu tristeza enquanto alguém lhe contava um sucesso obtido? Acredito que sim! Não é fácil ouvir que um amigo está subindo de vida enquanto a sua vida parece estar desmoronando. Há um texto em Romanos 12:15, que diz: "Alegrem-se com os que se alegram; chorem com os que choram". É mais fácil chorar com os que choram, pois nossa natureza humana tende a se compadecer ao ver alguém no sofrimento. Mas alegrar-se com o sucesso dos outros é bem difícil, não faz parte de nossa natureza celebrar a felicidade dos outros.

O invejoso não se alegra com as conquistas alheias. Por isso, a inveja é algo ruim porque gera amargura, insatisfação e sentimento de inferioridade. Existem duas lições importantes para lidar com a inveja. Em primeiro lugar, evite se comparar com os outros. Se o pastor da pequena igreja local tivesse se comparado com o famoso orador que estava de passagem, sem dúvida, ele iria ficar chateado, triste e deprimido, mas ele não fez isso. Se você quiser ser miserável, compare-se com outras pessoas. Faça isso e verá que sua vida será horrível. Pense nisso: sempre haverá pessoas mais inteligentes do que você, mais bonitas do que você, mais atraentes do que você... A lista é grande. Algo que você sempre precisa lembrar é: Deus o criou com qualidades singulares. Se Deus quisesse que você fosse um (a) modelo, com certeza, Ele o teria criado assim.

Em segundo lugar, você precisa ser grato pelo que Deus lhe deu, seja sua aparência, seus dons, talentos ou ministérios. Quando vir alguém que, aparentemente, tem algo a mais do que você, ore por essa pessoa. Não existe ninguém no mundo igual a você. Você é uma pessoa única. Suas digitais são únicas, sua personalidade é única. Deus o criou com certos atributos que ninguém mais tem. O grande erro do salmista, no Salmo 73, foi olhar para a vida dos ímpios e se comparar, mas diz o texto que ele caiu em si, parou de olhar para os outros e entrou no santuário de Deus. Tudo mudou quando ele parou de olhar para o que não tinha e começou a olhar para o que tinha. O que ele possuía? Ele possuía a bondade de Deus. Se você começar a olhar para as pessoas, seus dons, sua aparência, suas posses, suas conquistas e começar a se comparar, você provavelmente vai sentir inveja e, por fim, a inveja o tornará uma pessoa amarga, triste e insatisfeita. Comece a orar por aqueles que estão em posição de mais destaque do que você e pare de olhar para a vida daqueles que se destacam como um padrão a ser atingido. Olhe para o que Deus já lhe deu e agradeça a Ele todos os dias de sua vida por te usar da maneira como tem usado.

Capítulo 13

Como lidar com a ira

> *Quando vocês ficarem irados, não pequem. Apaziguem a sua ira antes que o sol se ponha* (Ef 4:26).

Eu não sei quais têm sido suas experiências, mas sei que você, quando fica irado, é capaz de fazer coisas horríveis. Uma mulher disse que pegou uma cadeira e a jogou em seu marido. A amiga disse: "Como você pode ser capaz de algo desse tipo?". Sua resposta foi: "Na hora eu não vi nada!". A ira nos cega, ela nos impede de raciocinar. A ira em si não é pecado. Não há nada de errado com a ira. Se um filho desobedece, é natural que os pais fiquem irados. Quando há injustiça, é natural as pessoas se irarem contra isso. A ira pode motivar pessoas para fazer algo positivo. É possível se irar sem pecar. O texto diz: "Quando vocês ficarem irados, não pequem". O próprio Jesus ficou irado quando entrou no templo e viu como as pessoas estavam sendo exploradas por vendedores que trabalhavam na porta do templo. Então, o que você deve fazer quando ficar irado?

Primeiro, localize o foco da sua ira. Pergunte-se: "Por que eu estou irado?". Na maioria das vezes, fico irado porque não estou conseguindo algo que eu queria. É muito importante entender e se perguntar: "O que tem me deixado assim?".

Em segundo lugar, admita que você está irado. Muitas pessoas dizem: "Não estou irado, apenas chateado ou desapontado", quando, na verdade, querem dizer que estão iradas. Admitir que está irado já é um passo para lidar com a ira.

Em terceiro lugar, refreie sua resposta imediata. Nunca tente falar com alguém quando você estiver irado com essa pessoa. Espere o momento certo. Em provérbios 29:11, está escrito: "O tolo dá vazão à sua ira, mas o sábio domina-se".

Se você ficou irado com alguém, como diz Efésios 4:26, não vá deitar enquanto não fizer a pazes. Se ficou irado com o seu cônjuge, seu filho, seu amigo ou amiga, vá até essa pessoa e diga que errou, resolva o problema. Faça isso antes do pôr do sol.

Uma vez que você aprende a lidar com a ira, deve tomar cuidado para não andar com alguém que tem aquele "jeitão" de resolver as coisas. Você pode acabar aprendendo a resolver as coisas do jeito dessa pessoa, como diz provérbios: "Não se associe com quem vive de mau humor, nem ande em companhia de quem facilmente se ira; do contrário, você acabará imitando essa conduta e cairá em armadilha mortal" (Provérbios 22:24-25).

Capítulo 14

Como lidar com o insulto

> *Para isso vocês foram chamados, pois também Cristo sofreu no lugar de vocês, deixando-lhes exemplo, para que sigam os seus passos. "Ele não cometeu pecado algum, e nenhum engano foi encontrado em sua boca". Quando insultado, não revidava; quando sofria, não fazia ameaças, mas entregava-se àquele que julga com justiça* (1 Pe 2:21-23).

Um frequentador de igreja disse a um pastor: "Pastor, seu sermão me lembrou das misericórdias do Senhor. Eu pensei que isso iria durar para sempre!".

Uma atriz invejosa parabenizou outra atriz pelo livro que ela tinha escrito recentemente: "Eu gostei do livro; quem escreveu para você?". A resposta veio: "Eu estou feliz que você tenha gostado; quem leu para você?".

Bessie Braddok disse a Winston Churchill: "Você é um bêbado, Churchill!" Winston disse: "Bessie, você é feia. Pela manhã eu estarei sóbrio!".

Acredito que esses exemplos de ofensas te fizeram rir, mas na vida real não é engraçado. Todos nós somos ofendidos, em algum momento, isso é um fato. Como você reage quando alguém te ofende? Vamos ver como Jesus lidava com o insulto, ele é o nosso modelo.

Em primeiro lugar, Jesus nunca revidava. Lembro-me de um ator que tinha o papel de Jesus num filme. Quando estava gravando a cena de Jesus carregando a cruz, um turista parava perto do ator e o insultava: "Que Jesus gordo! Esse aí não sabe contracenar! Vai para casa!". Cansado de ouvir os insultos, o ator soltou a cruz e deu um soco no turista. O diretor chamou a sua atenção e disse: "O que é isso, amigo, você não pode fazer isso, sei que ele é chato, mas olhe o papel que você esta fazendo. Jesus nunca retaliava!". O ator disse: "Tudo bem, prometo não fazer isso de novo!". No outro dia, foi a mesma coisa. O turista vinha e o insultava ainda mais. O ator, cansado de ouvir tudo aquilo, soltou a cruz novamente e deu outro soco nele. O diretor conversou com o ator e disse: "Se fizer isso de novo, terei que demiti-lo". Ele disse: "Preciso desse emprego, me perdoe". "Tudo bem" — disse o diretor — "te dou mais uma chance!". No outro dia, lá estava o turista, fazendo todo tipo de piadas, insultando o ator ainda mais. O ator parou, olhou para o turista bem nos olhos e disse: "Deixa você comigo depois da ressurreição!". Quando somos insultados, somos tentados a deixar nossa cruz e fazer como todo mundo faz; revidar com agressão física ou verbal.

Em segundo lugar, Jesus, quando insultado, nunca ameaçava. Quando o guarda perfurou o nosso Senhor Jesus, ele não o ameaçou dizendo coisas como: "Você vai para o inferno; eu voltarei". Nada disso! Qual era, então, o seu segredo para lidar com os insultos? O segredo de Jesus está no fim do verso 23, que diz: "Mas entregava-se àquele que julga com justiça".

Em terceiro lugar, Jesus confiava na justiça de Deus. Ele sabia que Deus estava vendo todos os insultos que eram feitos, todas as piadas estavam sendo observadas por Deus, por aquele que julgará todos os homens. Esse era o segredo de Jesus.

Como é que você lida com o insulto? Imitando o mestre. " Em primeiro lugar, não revide. Em segundo lugar, não ameace as pessoas.". E, em terceiro lugar, confie em Deus, pois ele vê os insultos que as pessoas estão cometendo contra você.

Capítulo 15

Como lidar com pessoas difíceis

> *O amor é paciente, o amor é bondoso. Não inveja, não se vangloria, não se orgulha. Não maltrata, não procura seus interesses, não se ira facilmente, não guarda rancor. O amor não se alegra com a injustiça, mas se alegra com a verdade. Tudo sofre, tudo crê, tudo espera, tudo suporta (1Co 13:4-7).*

Pessoas difíceis são a chave para o desenvolvimento do nosso caráter. Eu não gostaria de viver sem ter que me relacionar com elas. Acredito que o grande segredo é aprender a cooperar com elas sem deixar que elas nos afetem ou nos dominem. Normalmente, queremos distância delas, mas veja por este lado: de que maneira você iria praticar o amor, a paciência, o domínio próprio, a humildade se não existissem tais pessoas difíceis?

Elas são importantes, quer você goste ou não. Deus usa muitos tipos de pessoas para trabalhar em nosso caráter. Na verdade, quando Deus quer te ensinar mais sobre o amor, ele coloca você bem ao lado de uma pessoa não amável. Quando Deus quer te ensinar paciência, ele coloca você ao lado de uma pessoa impaciente.

Paulo escreveu este maravilhoso capítulo para uma igreja cheia de pessoas difíceis. Ele não escreveu esse poema porque um casal de namorados estava tendo problemas e, por isso, precisavam de conselhos. O real problema da igreja era falta de amor a pessoas difíceis.

A primeira lição que aprendemos é: seja paciente. Sei que existem pessoas difíceis em sua vida. Talvez você conviva com uma; seja no trabalho, na escola, um vizinho... O que vai te ajudar a ser paciente com tais pessoas é saber que Deus é paciente com você.

Um ateu estava dando uma palestra sobre a tolice de crer que Deus existe. Ele desafiou sua plateia, dizendo: "Vejam, vou provar que Deus não existe. Vou dar cinco minutos para Deus me destruir". Depois de cronometrar no relógio, todos riram, e ele disse: "Se ele existisse, meus amigos, eu estaria morto". No dia seguinte, um pastor publicou um artigo num jornal dizendo: "Coitado desse ateu. Ele acha que vai tirar Deus do sério em cinco minutos!". Deus sabe como lidar com pessoas difíceis: sendo paciente. Por isso, seja paciente.

Em segundo lugar: seja bondoso. Um dia, fui ofendido na faculdade de Teologia. No dia seguinte, levei chocolate para todos aqueles que tinham implicado comigo. Coloquei o amor em prática. Advinha o resultado? Recebi chocolates em minha mesa também. Você pode responder com bondade ou pode atacar. Ouvi uma frase que marcou minha vida que diz:

"Trate com amor cada pessoa que você encontra, porque cada pessoa que você encontrar está travando algum tipo de batalha." Talvez um daqueles alunos difíceis da faculdade estivesse travando uma batalha.

Em terceiro lugar, não seja invejoso ou orgulhoso. Os crentes de Corinto tinham inveja uns dos outros e alguns eram orgulhosos. Paulo disse: "Vocês são carnais porque no meio de vocês tem inveja e brigas" (I Coríntios 3:2). Inveja significa sentir tristeza ao ver alguém fazendo algo melhor que você. Orgulho significa se considerar melhor que todo mundo. Quando você ama alguém, vai lhe desejar o melhor, não irá se considerar melhor. Aqui devo inverter a lição: se você é invejoso ou orgulhoso, isso significa que você é uma pessoa difícil e, portanto, deve lidar com a pessoa mais difícil na sua vida: você mesmo.

Em quarto lugar: não maltrate. É isso que fazemos naturalmente. Procuramos maltratar alguém porque achamos que, de alguma forma, isso trará algum proveito. Que tolice! Pare de maltratar quem você não gosta e comece a tratá-lo como se fosse um cliente de um milhão de reais. Se você fosse um vendedor, como trataria um cliente que está prestes a comprar um milhão de reais de produtos que você vende? Acredito que não maltrataria de forma alguma, mesmo que fosse um ser difícil!

Em quinto lugar: procure se concentrar nas necessidades dos outros. Buscar os seus interesses significa que você só tem olhos para as suas necessidades. A pessoa mais difícil que você conhece hoje tem problemas assim como você os tem. Pergunte a ela como vão as coisas em casa, no trabalho, com os filhos. Todos precisam de atenção. Quem sabe ao conhecer tal pessoa melhor, as coisas não mudem?

Em sexto lugar: não guarde ira ou rancor de uma pessoa que é difícil. Agarrar-se à raiva, dizia um sábio, é como segurar um carvão quente com a intenção de jogá-lo em outra pessoa; você é o único que fica queimado. Já o rancor é o resultado de irar-se e não perdoar. Mantemos um registro de tudo o que aconteceu, porém, esse caderninho negro, onde anotamos os comportamentos daquelas pessoas difíceis, deve ser rasgado por amor à elas e a Deus.

Em sétimo lugar: nunca se alegre com os erros das pessoas que você considera insuportáveis. Isso não é ser amável. Se alguém de quem você não gosta sofrer algum dano, não saia por aí dando risadas, dizendo: "Benfeito, teve o que mereceu!". Não aja assim. Procure ser amável até mesmo quando uma pessoa difícil sofre.

E em oitavo e último lugar: procure sofrer os prejuízos, suportar as ofensas, esperar e crer que, embora uma pessoa seja difícil hoje, amanhã ela poderá mudar e começar a mostrar atos de bondade para com você. Você pode estar pensando: "Bem, mas isso é difícil". Sei que é difícil, mas ninguém disse que seria fácil. Porém, se você é uma pessoa que está sempre disposta a crer que algo de bom virá daquele ou daquela pessoa difícil, de repente isso pode mesmo acontecer. O segredo é agir com amor sempre!

Capítulo 16

Como lidar com pessoas ofendidas

> *Portanto, se você estiver apresentando sua oferta diante do altar e ali se lembrar de que seu irmão tem algo contra você, deixe sua oferta ali, diante do altar, e vá primeiro reconciliar-se com seu irmão; depois volte e apresente sua oferta (Mt 5:23-24).*

Ouvimos muito sobre a importância de perdoar as pessoas que nos ofenderam. Mas é difícil ouvir sobre a importância de pedir desculpas. Me refiro àquelas situações em que você é o ofensor. A menos que você queira ter que trocar de esposa, marido, família, emprego ou amigos a cada um ano, é preciso aprender a pedir desculpas.

Como, então, lidar com alguém que está chateado com você, alguém que você ofendeu, traiu, magoou?

Em primeiro lugar, escute a pessoa. Quando alguém está chateado com você, é sinal que, na percepção dessa pessoa, você fez algo de errado. Não tente convencer a pessoa que você é inocente. Ela não te ouvirá, pois está magoada.

Em segundo lugar, esta lição é ainda mais importante que a primeira, anote: escute a pessoa. Normalmente, não somos bons ouvintes. Gostamos de falar, mas não gostamos de ouvir. Quando alguém vem até nós com raiva, triste por algo que fizemos, nossa reação é ir logo falando.

Em terceiro lugar, anote esta lição porque ela é mais importante que as duas anteriores: escute a pessoa. Deus te deu dois ouvidos e uma boca e ele quer que você os use na mesma proporção. Se você não escutar o ofendido, não conseguirá identificar qual o problema, o porquê de ela estar irada com você.

Em quarto lugar, coloque-se no lugar desta pessoa. Um pastor estava no seu escritório quando, de repente, um vizinho entra no seu escritório, irado, dizendo: "Você estacionou o seu carro em frente à minha garagem. Tem um grande aviso lá, dizendo que não pode estacionar. Esse homem estava cuspindo fogo. Depois de ouvir a pessoa por um bom tempo, o pastor disse: "Olha, eu entendo você, se estivesse no seu lugar, ficaria com raiva também". Quando o ofensor ouviu essas palavras, ele ficou mais tranquilo. Naquele momento, as coisas começaram a mudar.

Em quinto lugar, assuma os seus erros. Quando o profeta Natã repreendeu o rei Davi, tudo o que o rei disse foi: "Pequei contra o Senhor". Ele assumiu o erro. Deus estava desapontado com Davi e mandou o recado. Acredito que Deus ficou satisfeito com a atitude de Davi. Pessoas que ofendem e logo em seguida assumem seus erros, já deram um grande passo para a reconciliação.

Em sexto lugar, peça perdão. Não exija o perdão simplesmente porque a Bíblia diz que as pessoas devem perdoar. Imagine um ofensor indo até o ofendido com a seguinte declaração: "Você tem que me perdoar senão vai para o inferno!". Seria uma tragédia. Depois de ouvir a pessoa com paciência, de se colocar no lugar dela, de assumir seus erros, agora você pode perguntar ao ofensor. Será que poderia me perdoar? Se estiver preparado, gostaria que me perdoasse.

Capítulo 17

Como lidar com o ressentimento

> *O amor é paciente, o amor é bondoso. Não inveja, não se vangloria, não se orgulha. Não maltrata, não procura seus interesses, não se ira facilmente, não guarda rancor* (1 Co 13:5).

Um rapaz foi mordido por um cachorro que estava com raiva. Depois de ser examinado pelo médico, o doutor disse: "Se eu fosse você, escreveria o seu testamento, porque você vai morrer". Quando o médico saiu do seu consultório e voltou, encontrou o paciente escrevendo e disse: "Que bom que você seguiu o meu conselho e resolveu escrever o seu testamento!". O homem que fora mordido pelo cachorro disse: "Não, doutor, isso aqui não é meu testamento; é uma lista de pessoas que eu quero morder antes de morrer". Os ressentidos são pessoas que, depois de serem mordidas, canalizam todas as suas energias para morder os ofensores.

O ressentimento, além de gerar um espírito de vingança, gera outros males. A tendência é que uma pessoa ressentida se isole, se feche. Quem vive ressentido está achando que tomou veneno para o ofensor morrer. Isso é justamente o contrário. O ressentimento vai matando a pessoa que o experimenta, aos poucos.

A Bíblia nos ensina que o antídoto contra o ressentimento é o amor. Paulo em I Coríntios 13:5 diz que o amor não guarda rancor. A palavra grega "guardar", na sua língua original, refere-se a manter um registro, computar, calcular. Sendo assim, Paulo está dizendo: Quem ama de verdade, não mantém um registro das ofensas que aconteceram no passado.

O que fazer para lidar com o ressentimento? Em primeiro lugar, você precisa falar. O livro de Mateus, capítulo 19, diz que, se uma pessoa foi ofendida, ela deve ir até o ofensor e conversar. Nada de deixar para lá ou colocar uma pedra no assunto. Não, de maneira alguma! Jesus ensinou que uma conversa se faz necessária. Quando você fala o que sente, já deu o primeiro passo para lidar com o ressentimento.

Em segundo lugar, é preciso esquecer. Paulo diz em Filipenses: "Esquecendo das coisas que para trás ficam, prossigo para o alvo". Existem muitas coisas de que deveríamos nos lembrar, mas nos esquecemos. E existem muitas coisas que deveríamos nos esquecer, mas nos lembramos. Temos que esquecer as ofensas do passado, não reviver essas experiências ruins. Era assim que Paulo lidava com as situações desagradáveis do passado. Precisamos aprender a ser bons esquecedores.

Em terceiro lugar, é preciso perdoar. Perdoar significa que você desiste de todo o seu desejo de vingança e, por fim, deseja o melhor para o ofensor. Se não está disposto a perdoar, não tem o direito de pedir perdão a Deus pelos seus próprios pecados. Jesus nos ensina que perdoar é uma ordem. Se você fizer o que Deus manda, com certeza o ressentimento não irá ficar no seu coração por muito tempo. Quando perdoamos as pessoas, estamos tirando do nosso coração os resquícios do ressentimento. É libertador. Experimente perdoar aqueles que te ofenderam. Feche os olhos e pense em todos os que te prejudicaram, então, perdoe.

Capítulo 18

Como lidar com a perseguição

> *Ora, Daniel se destacou tanto entre os supervisores e os sátrapas por suas grandes qualidades, que o rei planejava colocá-lo à frente do governo de todo o império. Diante disso, os supervisores e os sátrapas procuraram motivos para acusar Daniel em sua administração governamental, mas nada conseguiram. Não puderam achar falta alguma nele, pois ele era fiel; não era desonesto nem negligente (Dn 6:3-4).*

O nome Daniel significa: Deus é meu juiz. Daniel sabia que o mais importante na vida não era o que as pessoas pensavam dele, mas sim o que Deus pensava dele.

O fato de Daniel ter sido zeloso com aquilo que Deus pensava dele, acabou atraindo perseguição. Os seus companheiros de trabalho eram desonestos, ele não. Daniel era um homem íntegro e competente. Diz a Bíblia que o rei planejava colocá-lo à frente do governo de todo o império. Ao supor que isso poderia acontecer e que seus atos desonestos poderiam ser descobertos, os sátrapas (governadores de uma província) começaram a perseguir Daniel. Esses homens reviraram a vida de Daniel atrás de alguma evidência que pudesse incriminá-lo, mas não acharam. Imagino que mexeram no lixo do escritório de Daniel, procuram alguma coisa em sua casa, vasculharam suas correspondências, mas sem sucesso. Se fosse nos dias de hoje, vasculhariam os e-mails e grampeariam os telefones.

Como viram que não havia nada que pudesse sujar a imagem de Daniel, criaram uma lei para que todo aquele que orasse a qualquer deus, por um período de trinta dias, fosse jogado na cova dos leões. Eles sabiam que Daniel tinha o hábito de orar. Por causa disso, ele foi jogado na cova dos leões. Alguém, certa vez, disse que havia ali naquela cova mais de 100 leões. No final do capítulo 6, nos é dito que, quando todos os 120 sátrapas, juntamente com suas famílias, foram lançados na cova, por tramarem contra Daniel, mal chegaram ao chão, e os leões já tinham estraçalhado a todos. Imagine só: cinco leões não poderiam fazer isso sozinhos. Seriam necessários mais de 100 leões. Daniel preferiu ser jogado numa cova lotada de leões famintos a parar de orar.

Em nenhum momento, Daniel reclamou contra a decisão do rei. Ele sabia que Deus era aquilo que o seu próprio nome alegava: Deus é meu juiz. Quando você tem um Deus que tudo sabe e tudo vê, não precisa ficar com medo, com raiva, achando que o seu fim está próximo.

Deus não livrou Daniel da cova, livrou-o na cova. Às vezes, Deus até permite a perseguição, calunias, traições e outras espécies de maldades causadas por aqueles que nos odeiam. A maneira como seremos salvos da perseguição será no tempo dele e do jeito dele.

É um fato na vida que nem sempre as pessoas vão bater palmas para nós quando realizarmos algum feito. Há muita gente invejosa neste mundo e, certamente, tentarão nos derrubar de alguma maneira.

Alguns vão tentar colocar pedras nos seus caminhos, tentarão diminuir sua fama, tentarão podar você de alguma maneira. Não se preocupe, Deus é um Deus que vê.

Quando somos perseguidos por um comportamento mau que tivemos, pode-se afirmar que essa perseguição é merecida. Porém, no caso de Daniel, ele era íntegro e justo, não merecia ser perseguido.

Daniel não reclamou, não murmurou e por fim Deus o livrou. Não devemos brigar com todos aqueles que nos perseguem. Temos que fazer como Jesus, orar por aqueles que nos perseguem e confiar que Deus saberá o que fazer com aqueles que nos perseguem.

Faça o seu melhor, seja competente, ore e deixe as perseguições nas mãos de Deus.

Capítulo 19

Como lidar com a solidão

Procure vir logo ao meu encontro, pois Demas, amando este mundo, abandonou-me e foi para Tessalônica. Crescente foi para a Galácia, e Tito, para a Dalmácia. Só Lucas está comigo. Traga Marcos com você, porque ele me é útil para o ministério. Enviei Tíquico a Éfeso. Quando você vier, traga a capa que deixei na casa de Carpo, em Trôade, e os meus livros, especialmente os pergaminhos. Alexandre, o ferreiro, causou-me muitos males. O Senhor lhe dará a retribuição pelo que fez. Previna-se contra ele, porque se opôs fortemente às nossas palavras. Na minha primeira defesa, ninguém apareceu para me apoiar; todos me abandonaram. Que isso não lhes seja cobrado. Mas o Senhor permaneceu ao meu lado e me deu forças, para que por mim a mensagem fosse plenamente proclamada, e todos os gentios a ouvissem. E eu fui libertado da boca do leão (2 Tm 4:9-17).

A solidão é um problema que está crescendo em nossa sociedade. Uma instituição americana de seguros de vida, há alguns anos atrás, relatou que o grupo mais solitário na América eram os universitários. Na sequência da lista estavam os divorciados, os aposentados, as mães solteiras, os estudantes da zona rural, as donas de casa e os idosos. A solidão é um dos sentimentos mais terríveis que existem.

O apóstolo Paulo sabia muito bem o que era sentir-se solitário. Veja o que disse na carta a Timóteo: "Procure vir logo ao meu encontro [...] em minha primeira defesa ninguém apareceu para me apoiar, todos me abandonaram". Como é que Paulo conseguiu lidar com a solidão?

Em primeiro lugar, vemos que Paulo pediu a presença de um amigo. Ele disse: "Procure vir logo ao meu encontro" (2 Timóteo 4:9). É uma lição simples e importante. Ligue para algum amigo e diga: "Vamos sair e conversar". Foi isso o que o apóstolo Paulo fez.

Se você parar um pouco para pensar na solidão, verá que ela tem uma mensagem positiva. Sua mensagem é: você precisa sair e fazer amigos. Se não tem um amigo para ligar, saia e faça alguns. Paulo estava com Lucas e precisava de Timóteo. Muitos amigos nunca são demais.

Paulo precisava, além da companhia, de objetos que poderiam ajudar a lidar com a solidão, como diz o versículo 10: "Quando você vier traga a capa que deixei na casa de Carpo, em Trôade, e os meus livros, especialmente os pergaminhos". Acredito que Paulo pensou: "Bem, se eu tenho que ficar aqui, então vou ficar confortável. Preciso da minha capa. Já que não posso mudar as coisas, vou me adaptar. Vou me dedicar à leitura dos meus livros e pergaminhos em vez de focar na minha solidão". Ler livros pode ser algo maravilhoso para lidar com a solidão. Procure fazer como Paulo, dedique-que à leitura. Não apenas à leitura, procure também visitar alguém que esteja doente ou visitar lugares que você nunca visitou. Quem sabe talvez começar a escrever sobre seus sentimentos. Há muitas coisas para fazer. Se souber aproveitar as oportunidades que Deus lhe dá, verá que não terá tempo para atender a solidão, quando ela bater na porta do seu coração.

Paulo ensina outra lição importante sobre como lidar com a solidão. Ele disse: "O Senhor esteve comigo". Perceber a presença de Deus nos momentos de solidão é um grande conforto. Foi isso o que o apóstolo Paulo fez. Em vez de focar na sua solidão, focou na presença de Deus. Falar com Deus, ler sua palavra, são formas de lidar com a solidão.

Quando o sentimento de solidão o surpreender, entenda que a solidão funciona como um aviso, uma luz vermelha, alertando-o e dizendo: "Faça algo, você precisa de relacionamentos". Muitas vezes, a solidão é opção. Portanto, relacione-se com as pessoas e com Deus. Decida hoje mesmo dar um jeito na solidão.

Capítulo 20

Como lidar com a tentação

> *Vigiem e orem para que não caiam em tentação. O espírito está pronto, mas a carne é fraca* (Mt 26:41).

Ouvi a história de um esquimó que tinha um método de caçar lobos. Ele pegou uma lâmina bem-afiada e a cobriu de sangue congelado, transformando-a numa espécie de picolé. Depois de cobrir a lâmina com várias camadas de sangue congelado, ele a enterrava no chão, para cima. O lobo, ao sentir o cheiro do sangue fresco, era atraído pela isca e, ao lamber aquele sangue, desesperadamente, depois de um tempo, já não conseguia mais distinguir entre o seu próprio sangue e o sangue congelado. Pela manhã, o esquimó podia sair e encontrar o lobo morto por hemorragia.

A tentação faz algo parecer bom no início, mas por detrás do prazer ilícito há a lâmina do diabo.

Você precisa tentar identificar qual a área em que você esta sendo tentado. Talvez você seja tentado a olhar pornografia, ser desonesto no trabalho, a mentir, ou ser impaciente. Todos nós somos tentados em várias áreas. Você precisa fazer um inventário moral da sua vida e descobrir o que é que está tentando você.

Um homem disse que aprendeu a lidar com a tentação observando o seu cachorro. Toda vez que ele colocava comida para o seu cão, enquanto ele não dava ordem para o cachorro, ele não comia. Enquanto a ordem não era dada, o cachorro mantinha os olhos fixos no dono para não ser tentado a comer a refeição antes do sinal. Se você quer resistir à tentação, tome cuidado para onde você olha. Não foque em coisas que você sabe que são erradas. Jesus disse que o espírito está pronto, mas a carne é fraca.

Outro segredo para lidar com a tentação é orar. A razão por que muitos não estão resistindo à tentação é devido à sua vida de oração estar fraca. É necessário fortalecer o seu homem interior mais do que o exterior. Quanto mais você ora, mais forte fica o seu homem interior.

Todas as pessoas que já passaram por este mundo, foram tentadas, incluindo Jesus, e todos os que foram tentados, exceto Jesus, caíram. Saiba que não é errado ser tentado, o errado é se entregar à tentação, mas tenha em mente algo: Satanás pode levar você até uma montanha, mas não pode empurrar você morro abaixo. Ele pode levar um cigarro até você, mas não pode obrigá-lo a fumar. É sua decisão.

Quando você vence a tentação há um prêmio chamado alegria. Feliz o homem que suporta a tentação, como está escrito em Tiago 1:12. Você só consegue ser feliz quando consegue dizer não. É triste ver pessoas que, por um momento de fraqueza, perderam famílias, ministério, emprego, confiança dos amigos e entes queridos. A dor de dizer não à tentação é menor do que a dor de ser pego fazendo algo errado.

Ore a Deus pedindo forças para lidar com a tentação, pois, como disse Jesus: "Sem mim nada podeis fazer".

Capítulo 21

Como lidar com os maus hábitos

> *Se você fizer o bem, não será aceito? Mas se não o fizer, saiba que o pecado o ameaça à porta; ele deseja conquistá-lo, mas você deve dominá-lo* (Gn 4:7).

A vida é como uma arena, ou você é o domador ou é domado. Os maus hábitos facilmente nos domam, e como resultado eles roubam nossa alegria. Ser o domador dos maus hábitos pode ser uma luta difícil, porém, há inúmeras recompensas para aqueles que o domam.

Um mau hábito é um pecado da carne ou da alma que é praticado com tanta frequência que se torna parte do caráter de uma pessoa. Você precisa dominar esse mau comportamento; por quê? Porque o seu destino está em jogo. Isso pode parecer dramático, mas não é. Há um ditado que diz: "Se você plantar um pensamento colherá um hábito, se plantar um hábito, colherá um caráter, se plantar um caráter colherá um destino". Como isso é verdade! Há milhares de pessoas que se sentem miseráveis. Elas perderam o melhor que Deus podia oferecer por não lidarem com os maus hábitos.

É muito fácil encontrar soluções para lidar com eles em qualquer livro. O difícil é colocar tais soluções em prática. Não quero aqui minimizar a dificuldade em lidar com eles. O meu desejo é dar "choques no seu peito", caso você já não se sinta mais incomodado com o ciclo de pecado.

Existem muitos hábitos que são bons. Por exemplo: há pessoas que têm o hábito de acordar cedo para ler; o hábito de escrever em um diário tudo o que aconteceu no dia; o hábito de ouvir música clássica pela manhã, etc. São hábitos louváveis, não há nada de errado com eles. Já os maus hábitos são prejudiciais, são ladrões de entusiasmo, de motivação e alegria. Como lidar com os maus hábitos?

Em primeiro lugar: entenda que um mau hábito sempre bate na porta do seu coração. Quando Deus falou com Caim, disse: "Saiba que o pecado o ameaça à porta; ele deseja conquistá-lo, mas você deve dominá-lo". Note que Deus não disse: "O pecado está sempre batendo na sua porta, você deve orar ou você deve visitar um terapeuta. Não mesmo! O texto diz: "Você deve dominá-lo".

A luta para lidar com os maus hábitos é sua e de mais ninguém. Sim, Deus nos dá força; sim, podemos ouvir bons conselhos de um terapeuta, mas a decisão de dizer "não" é sua e de mais ninguém. Sua alegria, seu futuro, sua família, seu emprego, seu ministério, estão em jogo!

Havia um jovem que era um grande pregador.

Porém, tinha o hábito de fumar. Algumas pessoas o viram fumando e foram contar ao pastor principal. Eles disseram: "Pastor, o jovem que prega em nossa igreja aos domingos tem fumado constantemente e alguns membros da igreja o viram. O senhor precisa falar com ele". O pastor principal, já de idade, e muito sábio por sinal, disse: "Rapaz, o seu futuro é muito brilhante para você deixar que um pequeno mau hábito o estrague". O pastor não o condenou nem o criticou. Apenas disse essa única frase. O rapaz que fumava, voltou para casa e pensou no que ouviu. Em poucos dias, ele abandonou o vício completamente.

Digo o mesmo a você: o seu futuro é muito brilhante para você deixar que esse mau hábito o estrague. Deus quer usar você para fazer grandes coisas, mas você precisa deixar tudo aquilo que pode atrapalhar os planos de Deus em sua vida.

Em segundo lugar: entenda que a batalha ou derrota acontece na sua mente. Tudo o que você faz é fruto dos seus pensamentos. Seus hábitos são resultados do que você pensa. Não espere colocar "lixos" na sua mente e desejar ter ações puras e limpas. Na luta contra os maus hábitos, deve-se prestar atenção no que você pensa e no que você coloca na mente. Você é o que pensa continuamente.

Sugiro que, quando um mau hábito vier à sua mente, faça as seguintes perguntas: quais consequências terei se fizer o que está no meu pensamento? Sempre pergunte a você mesmo qual será a consequência da fantasia que vem à sua mente. Examine seus pensamentos, fale com você mesmo.

Em terceiro lugar: entenda que os maus hábitos podem arruinar sua vida. Você sabia que quem estraga sua vida é você mesmo? Quando você não doma os comportamentos pecaminosos, eles vão aos poucos assumindo o controle da sua vida e quando você perceber pode ser que seja tarde demais.

Sei que você conhece exemplos de pessoas que por causa do vício em bebidas perderam famílias, ou por causa do vício em jogos, ou em drogas, perderam emprego, respeito e dignidade. Quando um mau hábito bater à porta do seu coração, faça as seguintes perguntas: serei uma pessoa melhor se praticar esse hábito? Serei mais amável? Serei mais espiritual? Serei mais santo? Serei mais feliz? Deixarei Deus feliz ou triste? Isso vai glorificar a Deus?

Em quarto lugar: procure substituir esse mau hábito por um bom hábito. Quero desafiar você, leitor, a colocar, a partir de agora, novos hábitos em sua vida. Comece plantando um pequeno hábito. Quero que seja decidido nisso. Em vez de olhar pornografia no computador, procure ler a Bíblia; em vez de falar mal de alguém, procure falar com Deus; em vez de beber ou fumar, procure visitar um amigo; Não sei quais são seus maus hábitos, mas procure achar um bom hábito para substituí-lo.

Se você fizer o bem, será aceito por você mesmo e por todos que estão à sua volta.

Capítulo 22

Como lidar com a culpa

> *Se confessarmos os nossos pecados, ele é fiel e justo para perdoar os nossos pecados e nos purificar de toda injustiça". Assim saberemos que somos da verdade; e tranquilizaremos o nosso coração diante dele quando o nosso coração nos condenar. Porque Deus é maior do que o nosso coração e sabe todas as coisas* (1 Jo 1:9,1 Jo 3:19-20).

Ouvi a história de um garoto que, sem querer, matou o passarinho preferido de sua vovó com seu estilingue. Não achando que alguém estivesse vendo, ele pegou o pássaro e enterrou. O que não sabia é que sua irmãzinha estava vendo tudo. Toda vez que a vovó mandava a garota fazer uma tarefa em casa, ela ameaçava o irmão dizendo: "Faça isso para mim, senão eu conto sobre o passarinho!". Depois de um tempo, já cansado de tanto trabalhar, o garoto chegou a sua vovó e disse: "Vovó, eu quero te confessar algo, eu matei o seu passarinho". A velhinha disse: "Meu querido, eu sei! Eu vi tudo! Eu perdoei você! Só queria ver quanto tempo você aguentaria viver debaixo dessa escravidão!".

Enquanto você não confessar o que fez de errado, não experimentará a paz de Deus. A culpa escraviza, rouba sua alegria. Você não precisa viver com ela.

O que é culpa? A culpa é um sentimento negativo que sentimos repetidas vezes após ter feito algo de errado que não deveríamos ter feito. Como lidar com esse sentimento?

A primeira lição é: confesse o que você fez de errado. Confessar, na língua original, significa dizer a mesma coisa, concordar. Assuma o que fez a Deus, ele é fiel e justo para perdoar o seu pecado. Assuma os seus erros.

A segunda lição é: confie no amor de Deus. Deus ama você e deseja perdoar todos os seus pecados. Ele ama tanto você que, se tivesse uma foto sua, com certeza, estaria colada em sua geladeira, se ele tivesse uma. O amor de Deus é maior que o seu pecado.

A terceira lição é: os seus pecados já foram todos perdoados, não viva debaixo de escravidão. Pense nisso, deixe que essa verdade inunde sua mente.

A quarta lição é: Deus é maior que a sua culpa. Depois de ter sido perdoado por Deus, é possível que você ainda sinta que não foi perdoado. É possível sentir culpa, mesmo tendo confessado os seus pecados. Se você se arrependeu dos seus pecados, confessou, confiou no amor de Deus, a culpa ainda poderá rosnar para você como um cachorro feroz. Por causa da cruz de Cristo, você pode olhar para ele e dizer: junto, quieto, deita! Deus sabe de todas as coisas.

Mesmo que você não sinta que foi perdoado, isso não importa. O perdão de Deus não tem a ver com sentir, tem a ver com confessar. Se você confessou os seus pecados, sentindo ou não, você está perdoado. Deus ama você e deseja vê-lo livre de toda culpa.

Capítulo 23

Como lidar com os problemas

> *Meus irmãos, considerem motivo de grande alegria o fato de passarem por diversas provações, pois vocês sabem que a prova da sua fé produz perseverança* (Tg 1:2-3)

Se você não tem problemas, dê uma olhada no seu pulso. É um fato na vida que todos nós temos problemas. As únicas pessoas que não têm problemas são aquelas que estão no cemitério. Você precisa aprender como enfrentar os seus problemas, se quiser ser feliz. Felicidade não é ausência de problemas, mas, sim, saber lidar com eles com a atitude certa. O apóstolo Tiago diz que podemos experimentar a alegria ao passar por eles. Como?

Em primeiro lugar, olhe para cada problema como uma oportunidade. Não acredite em problemas, apenas em oportunidades. Às vezes, as oportunidades vêm para você disfarçadas de problemas. Cada problema é uma oportunidade para você crescer mais e conhecer a Deus.

Em segundo lugar, entenda que eles não duram para sempre. Uma das coisas que gosto de dizer para mim mesmo quando estou enfrentando momentos difíceis é: veio, mas, vai passar! A vida é cheia de altos e baixos. Sendo assim, o segredo é aprender adaptar-se a cada situação que não podemos mudar.

Em terceiro lugar, não foque no problema. Uma das queixas de Deus na Bíblia é o fato de as pessoas focalizarem nos problemas ao invés de confiar no seu poder. Não fique na cama pensando no que está errado em sua vida, no que deveria ser diferente. Se você gastar muito tempo olhando para si mesmo, ou para as circunstâncias difíceis, vai desanimar.

E em último lugar: seja otimista sempre. Não importa o que esteja acontecendo com você. Deus está no controle de tudo. Ele é o maestro que está regendo cada acontecimento de sua vida. Há um verso na Bíblia que diz: "Todas as coisas cooperam para o bem daqueles que amam a Deus" (Rm 8:26). Existe um propósito por detrás de cada dificuldade. Se Deus não existe, então tudo o que acontece com você acontece por acaso. Se Ele existe, como pensa o autor deste livro, então todo problema tem uma finalidade.

Será que podemos experimentar a alegria ao passar por problemas? Sim, podemos! Quando vejo cada problema como uma oportunidade; quando entendo que eles não duram para sempre; quando não foco no problema e quando sou otimista diante deles.

Capítulo 24

Como lidar com os seus gigantes

Quem é esse filisteu incircunciso para desafiar os exércitos do Deus vivo? "v. 26 "e em seguida pegou seu cajado, escolheu no riacho cinco pedras lisas, colocou-as na bolsa, isto é, no seu alforje de pastor e, com sua atiradeira na mão, aproximou-se do filisteu" v. 40 "Hoje mesmo o Senhor o entregará nas minhas mãos, e eu o matarei e cortarei a sua cabeça. Hoje mesmo darei os cadáveres do exército filisteu às aves do céu e aos animais selvagens, e toda a terra saberá que há Deus em Israel. v. 46 Todos que estão aqui saberão que não é por espada ou por lança que o Senhor concede vitória; pois a batalha é do Senhor, e ele entregará todos vocês em nossas mãos" Quando o filisteu começou a vir na direção de Davi, este correu depressa na direção da linha de batalha para enfrentá-lo. v. 48 (I Sm 17:26,40,46,48).

Os seus desafios são bem diferentes dos desafios enfrentados pelo menino Davi. Apenas com algumas pedrinhas na mão, ele teve que lutar contra um gigante de 3 metros de altura, que estava armado com espada e lança. Embora os seus desafios sejam diferentes, o fato é o mesmo: temos desafios que se parecem com gigantes vindo em nossa direção. Davi nos ensina quatro lições sobre como lidar com os gigantes da vida.

Em primeiro lugar, é preciso ter foco. O rei Saul e todos os seus soldados estavam paralisados de medo por causa do gigante de três metros de altura. Tudo o que eles viam era o problema. Só falavam nele, só pensavam nele. Davi entra em cena com o foco em Deus e não no gigante. Diz a Bíblia que Davi olhou para o gigante e disse: "Quem é esse filisteu incircunciso?", ou seja, que não tem aliança, força, ajuda, relacionamento, graça de Deus? O foco de Davi era Deus, por isso, ele teve coragem de lutar, porque o seu foco estava certo. Você precisa arrumar o seu foco. Pare de olhar para os desafios, para aquilo que não deu certo, para as situações que você não gosta ou as situações que podem ser perigosas. Comece agora mesmo a olhar para quem é Deus e não para quais são seus problemas.

Em segundo lugar, é preciso preparo. É interessante notar que Davi, mesmo tendo o foco em Deus, mesmo sendo um homem de coragem, por alguns instantes se preparou. Davi desceu até um riacho, pegou cinco pedras e guardou na sua bolsa de pastor. A lição que esse garoto nos ensina é: você precisa se preparar para os desafios. É preciso ter preparo e consciência de que, não é só porque contamos com a presença de Deus que não precisaremos fazer a nossa parte. Davi fez a parte dele. Ele pegou as pedras e guardou. Você tem reservas espirituais? Você tem pedras guardadas na bolsa para enfrentar os gigantes?

Cada vez que você ora, lê a Bíblia, poupa dinheiro, investe na sua educação, está ajuntando suas pedras para o dia da batalha.

Em terceiro lugar, é preciso ter fé. A fé que Davi tinha em Deus o levou a olhar para o gigante com uma perspectiva diferente. "Enquanto o rei Saul e todos os soldados olhavam para o gigante e pensavam: é grande demais, não temos como vencê-lo", Davi olhou para o gigante pela fé e disse: "É grande demais, não tem como errar". Você precisa ver as coisas do ponto de vista de Deus.

Em quarto lugar, é preciso ter ação. Davi, ao ver o gigante, poderia muito bem ter voltado para sua casa negando a existência do problema, mas ele sabia que existem problemas que precisam ser resolvidos. Se ele não lutasse com Golias, esse gigante, provavelmente, venceria o exército de Israel, mataria o seu povo e por fim sua família. A atitude de Davi foi: "Preciso dar um jeito nisso!".

Todo problema que você não resolve se torna um ladrão de felicidade. Muitas pessoas sabem o que precisa ser feito, mas pensam: Um dia eu resolvo isso! Por isso vivem tristes, frustradas, porque não têm coragem de fazer algo. Ação é o que você precisa. Você não precisa de um plano, você precisa agir. Alguns problemas precisam ser resolvidos logo, imediatamente.

Davi correu em direção a Golias e o matou, atirando uma pedra bem no meio da testa do gigante. É assim que as coisas se resolvem. Correr do problema, negar sua existência não vai adiantar. Você precisa perceber o que tem que ser feito e fazer.

Você quer estudar em uma faculdade? Faça a matrícula. Quer ser cantor? Faça aulas de canto. Deseja ser um pastor? Vá para um seminário. Tem dificuldades com algum pecado? sua vida espiritual não vai bem? Fale com Deus. Faça alguma coisa e pare de reclamar, isso não vai adiantar. Aprenda com o menino Davi.

Não venha me dizer o quanto sua vida está ruim, ou como as coisas não dão certo para você. Quero saber o que você vai fazer para melhorar sua vida. Deus está com você, por isso, faça a sua parte.

Capítulo 25

Como lidar com as demoras da vida

> *Até quando, Senhor, clamarei por socorro, sem que tu ouças? Até quando gritarei a ti: 'Violência!' sem que tragas salvação? (Hc 1:2).*

Somos impacientes por natureza. Quando o pedido no restaurante não vem, ficamos estressados. Quando o motorista em nossa frente anda devagar, apertamos nossa buzina com muita energia. Nós somos impacientes e vivemos numa sociedade impaciente. Ninguém gosta de demoras.

No entanto, existem momentos na vida, em que temos que esperar, não importa o que fazemos. O vendedor tenta vender algo a alguém, e o cliente diz: "Espere, não me decidi ainda". O rapaz apaixonado tenta namorar uma garota, e ela diz: "Espere, ainda não me sinto segura". Um casal sonha em ter um filho, mas, por causa das condições financeiras, é obrigado a esperar. O homem que aguarda um aumento do seu salário escuta o chefe dizendo: "Espere, esse ano não posso aumentar o seu salário".

Talvez hoje você esteja esperando por algo há um bom tempo. Saiba que muitos outros antes de você tiveram que esperar algo de Deus. Pense, por exemplo, em Moisés. Esse grande líder teve que passar quarenta anos no deserto antes de poder participar do maior resgate já feito na história.

José do Egito também foi outro que teve que lidar com a demora. O que nos chama a atenção na vida de José é que Deus havia dado uma visão a ele, mas ele tinha que esperar na prisão, para se tornar o homem mais importante do Egito.

Davi, antes de ser rei, teve que gastar um bom tempo cuidando de ovelhas. Depois, quando foi ungido a rei, ainda teve que esperar cerca de quinze anos para ser tornar rei de fato.

O apóstolo Paulo ficou preso em Cesareia por dois anos. Na perspectiva humana, Deus estava cometendo um grande erro. Paulo era um apóstolo, um mensageiro de Deus. Ele deveria estar pregando, escrevendo, plantando igrejas, curando pessoas, mas Deus tinha planos em tudo isso. Como lidar com as demoras da vida?

Em primeiro lugar, você precisa entender que as demoras fazem parte do plano de Deus para trabalhar na sua vida. Talvez Deus esteja querendo ensinar-lhe paciência; ou você ainda seja muito imaturo para algo que tanto deseja; ou Deus deseja ensiná-lo a importância da oração. Talvez Deus queira te preparar algo maior e melhor em sua vida. Não sabemos!

Mas o que sabemos é: Deus tem um plano para todos nós e nesse plano as demoras fazem parte.

Quando estiver nessa situação, onde nada acontece, onde tudo parece estar parado, saiba que Deus esta trabalhando em sua vida.

Em segundo lugar, as demoras da vida nos ajudam a conhecer mais a Deus e a nós mesmos. Quando estamos muito agitados e ativos, Deus pode nos fazer repousar. Como diz o Salmo 23: "Ele me faz repousar". Nesses momentos de espera, tiramos os olhos de nossas atividades e começamos a olhar mais para Deus. Passamos a conhecê-lo melhor nesses momentos. Também podemos nos conhecer melhor e ver como, muitas vezes, nossas prioridades estão distorcidas e que precisamos ser melhores com aqueles que se relacionam conosco.

Capítulo 26

Como lidar com as tempestades da vida

> *Levantou-se um forte vendaval, e as ondas se lançavam sobre o barco, de forma que este foi se enchendo de água. Jesus estava na popa, dormindo com a cabeça sobre um travesseiro. Os discípulos o acordaram e clamaram: "Mestre, não te importas que morramos? "Ele se levantou, repreendeu o vento e disse ao mar:" "Aquiete-se! Acalme-se! "O vento se aquietou, e fez-se completa bonança. Então, perguntou aos seus discípulos: "Por que vocês estão com tanto medo? Ainda não têm fé? (Mc 4:37-40).*

Passamos por dois tipos de tempestades na vida. Há tempestades que nós mesmos causamos. Um exemplo disso foi o que aconteceu com o profeta Jonas. A tempestade que ele enfrentou foi devido à sua desobediência. Ele deveria ter ido pregar em Nínive, mas escolheu ir a outro lugar. Quando estava no barco, veio uma grande tempestade que só se acalmou depois que os marinheiros o lançaram ao mar. Se ele tivesse obedecido a Deus não teria enfrentado aquela tempestade. Muitas vezes, as dificuldades que você enfrenta na vida é resultado de escolhas ruins ou desobediência a palavra de Deus.

Por outro lado, há tempestades causadas exclusivamente pelo próprio Deus. Um exemplo disso foi o que aconteceu com os discípulos. Eram homens obedientes a palavra de Jesus, estavam servindo a Deus, estavam na vontade de Deus. É bom notar aqui que não é só porque servimos a Deus que não teremos que enfrentar dificuldades. Um dia, os discípulos tiveram que enfrentar uma grande tempestade. Alguns dos discípulos eram pescadores há anos, tinham experiência com o mar, mas, mesmo esses, estavam, não literalmente, no mesmo barco. Estavam desesperados!

O que podemos aprender dessa narrativa? Quais as lições que aprendemos sobre o que fazer e o que não fazer?

Em primeiro lugar, você nunca deve estar num estado de desespero como fizeram os discípulos. Esses homens se esqueceram das palavras de Jesus momentos antes de entrarem no barco: "Vamos atravessar para o outro lado". (Marcos 4:35). Jesus não disse: "Vamos afundar no mar ou vamos tentar chegar ao outro lado". Nada disso! Ele sabia para onde estava indo. Você tem que confiar no que Deus promete na sua palavra, não importando quais sejam os seus desafios; e manter a calma.

Em segundo lugar, você precisa entender que Deus usa as tempestades para fazer você crescer na fé. Na Bíblia, há o que chamamos de provação da fé. É o momento em que Deus quer que você passe para outro nível na vida. Todos nós, quando estudamos, temos que fazer provas. O desejo do professor não é o de nos reprovar, pelo menos o de alguns! O seu desejo é o de nos testar para ver ser dominamos a lição e assim podermos avançar para outro nível. Com Deus é a mesma coisa. Ele envia tempestades para que possamos crescer. Toda tempestade é uma oportunidade para você crescer mais e conhecer a Deus. Não há crescimento sem sofrimento, não há oportunidades sem dificuldades, não há relacionamentos sem conflitos. Não há como fugir disso.

Em terceiro lugar, as tempestades são importantes porque elas revelam quem somos. É muito fácil ser crente na igreja, cantar hinos, orar com os irmãos. Mas como você é quando as coisas saem do controle? Você se torna explosivo? Impaciente? Mal-humorado? Você se desespera? Você é o que é quando passa por tempestades?. Por isso, se está passando por alguma situação difícil, pare e pense nas suas atitudes. Perceba que Deus talvez esteja usando isso para mostrar a você mesmo coisas que precisam ser consertadas.

Em quarto lugar, faça como fizeram os discípulos. Vá até Jesus com fé e fale para ele o que o está incomodando. Quando Jesus repreendeu o vento, ele disse: "Por que vocês têm medo? Homens de pequena fé". Você só vai conseguir manter o controle diante das provações quando olhar para tudo isso com fé. Fé é manter a incredulidade, o desespero, o medo, perpetuamente prisioneiros, como um dragão acorrentado. Assuma o controle de você mesmo. Coloque em prática tudo aquilo que você sabe sobre Deus, sobre o seu poder, sobre sua soberania. Não viva desesperado como alguém que não conhece a Deus. Ele sabe o que você precisa, ele vê o que você passa. Você precisa aplicar sua fé ao problema, ela não entra em ação automaticamente. Diga: "Não vou perder o controle de mim mesmo, vou ficar calmo, sei que Deus tem um plano em tudo isso".

Capítulo 27

Como lidar com a adversidade

> *E disse-lhes seu pai Jacó: "Vocês estão tirando meus filhos de mim! Já fiquei sem José, agora sem Simeão e ainda querem levar Benjamim. Tudo está contra mim! (Gn 42:36).*

> *Sabemos que todas as coisas cooperam para o bem daqueles que amam a Deus, daqueles que são chamados segundo o seu propósito* (Rm 8:28).

Há duas declarações na Bíblia que chamam muito a minha atenção. A primeira declaração foi a de Jacó, quando ficou sabendo que poderia perder outro filho. Após ter enfrentado uma grande adversidade, a perda do seu filho José, o qual amava tanto, enfrentava agora outra adversidade: a possibilidade de nunca mais ver o seu filho Simeão. Ao perceber tudo o que estava acontecendo, ele disse: "Tudo está contra mim".

Não é isso o que as pessoas geralmente falam quando as coisas saem do controle? Elas dizem: "As coisas estão dando errado para mim, nada dá certo, por que a vida é tão injusta comigo? Por que não consigo acertar? Tudo está contra mim!".

A declaração de Jacó tem uma perspectiva humana. Ele não conseguia ver Deus agindo por detrás das circunstâncias. Já a segunda declaração, feita pelo apóstolo Paulo, visualiza Deus como um maestro orquestrando todos os acontecimentos da história.

Paulo diz: "Sabemos que todas as coisas cooperam para o bem daqueles que amam a Deus". Esse texto tem sido mal interpretado por muitos. É preciso começar pelo lado negativo para depois abordamos o lado positivo.

Em primeiro lugar, o texto não diz que todas as coisas são boas. Acidentes, doenças, desempregos, conflitos, falta de dinheiro não são coisas boas em si.

Em segundo lugar, o texto não diz que vamos entender tudo o que Deus faz. Deus, muitas vezes pode levar você ao ponto a, b, c e depois z, f g. Nem sempre iremos entender tudo o que Deus faz.

Em terceiro lugar, o texto não diz que as coisas cooperam por si mesmas, como alguns pensam: as coisas vão entrar no eixo. Nada disso!

E em quarto lugar, o texto não diz que todas as coisas vão cooperar para o bem de todos. O texto diz que as coisas só vão cooperar para o bem daqueles que amam a Deus.

O que estava na mente do apóstolo quando ele fez essa maravilhosa declaração, então? Ele diz: "Sabemos que todas as coisas [...]", isso inclui pecados, doenças, acidentes, brigas, fracasso, decepção. Deus pode usar todas essas coisas que são ruins para trabalhar no seu caráter.

Lembro-me de uma moça que chegou em casa enquanto sua mãe estava fazendo um bolo. Ela começou a desabafar para a mãe, dizendo: "Mãe, hoje fui demitida, briguei com o namorado, me saí mal na escola e ainda fui suspensa por três dias". Sua mãe pegou um ovo e disse: "Coma isso, faz parte do bolo". A menina disse: "Credo mãe, claro que não!". Sua mãe voltou a oferecer farinha de trigo. "Coma isso, faz parte do bolo mesmo! Coma, enquanto termino esse bolo". Ela disse: "Mãe, nunca comeria isso separado! Vou esperar o bolo". Sua mãe então disse: "Querida, veja o bolo que preparei com os ingredientes que você não quis comer. Se você os comesse separados, o gosto seria horrível. Porém, com todos esses ingredientes ruins, fiz um bolo perfeito". Ela continuou: "Deus faz a mesma coisa", ele pega as partes desagradáveis de nossas vidas, fracasso, decepção, conflitos, mistura tudo numa grande tigela e, com tudo isso, faz um belo caráter.

Se olharmos para as adversidades, de maneira separada, ficaremos tristes, infelizes. Agora, se olharmos o todo, saberemos que Deus esta usando cada situação para o nosso bem.

Quando o apóstolo fala de bem, não quer dizer uma perfeita saúde, estabilidade financeira ou nosso conforto. Ele está dizendo que, qualquer situação que você possa passar, não será desperdiçada por Deus. Ele pode usar tudo para fazer com que o seu caráter seja como o de Cristo. Sendo assim, toda adversidade é uma oportunidade para Deus trabalhar no seu caráter.

Um homem que deixara de frequentar a igreja por um tempo pediu oração ao seu pastor. Seu filho havia sido picado por uma cobra e estava muito doente. Quando o pastor foi ao encontro desse homem, orou, dizendo: "Deus, eu tenho tentado há anos fazer com que esse irmão entenda que o Senhor é importante. O que eu não fiz há anos essa cobra fez em poucos meses. Agora, peço-lhe que cure o filho desse teu servo e que não seja mais necessário cobras para que ele perceba que o Senhor é importante". Veja isso: esse pobre homem que antes fora infiel, agora estava pedindo a ajuda de Deus. A picada da cobra em si foi ruim, mas Deus usou essa situação para trabalhar no caráter daquele homem. Todas as coisas cooperam para o bem daqueles que amam a Deus.

Capítulo 28

Como lidar com a tolice

> *O tolo revela todo o seu pensamento, mas o sábio o guarda até o fim" "Honroso é para o homem desviar-se de questões, mas todo tolo é intrometido". "A sabedoria do homem prudente é discernir o seu caminho, mas a insensatez dos tolos é enganosa". "Se algum de vocês tem falta de sabedoria, peça-a a Deus, que a todos dá livremente, de boa vontade; e lhe será concedida (Pv 14:8; Pv 29:11; Pv 20:3; Tg 1:5).*

O livro de provérbios está cheio de advertências sobre como lidar com a tolice. Se você acha que tem feito muitas tolices, tenho uma boa notícia: você pode ser sábio.

O primeiro conselho é: não fale tudo o que pensa para todo mundo. Quando uma pessoa fala tudo o que pensa, nós a chamamos de comunicativa, a Bíblia a chama de tola. Pense nos problemas que passou por falar o que pensava, por falar um plano ou um sonho seu. José do Egito falava os seus sonhos para todos os que estavam perto dele, a consequência: foi vendido como escravo. Quem estuda teologia poderia argumentar que tudo estava nos planos de Deus, até o fato de ser vendido como escravo. Concordo! Mas isso não anula a tolice de José. Às vezes, é bom compartilhar algo que queremos fazer, mas quanto menos abrir-mos a boca, menos problemas teremos.

O segundo conselho para lidar com a tolice é: fuja de contendas. Uma vez chamei um pastor, numa mesa cheia de amigos nervosos, para debater sobre divórcio e casamento. Como eu havia acabado de escrever sobre o assunto, tinha alguns argumentos para uma boa briga. O pastor, ao ver que eu estava querendo conversar sobre algo que estava gerando discussão e briga, simplesmente disse: não gosto de contendas e deu as costas. Fiquei pensando: ele é um pastor, precisa estar pronto para tudo! Na verdade, aprendi uma lição, fugir de contendas é uma das coisas que as pessoas sábias fazem.

O terceiro conselho para lidar com a tolice é fazer a pergunta: qual a coisa mais sábia a fazer nesse momento? Pense bem no que você quer fazer, pense nas consequências, pense no futuro. Na parábola do construtor tolo, Jesus nos mostra que a característica daquele construtor foi: Ele não pensou que construir a sua casa na areia poderia ser perigoso; queria uma casa a qualquer custo; ignorou os conselhos, que provavelmente alguém deu a ele sobre o perigo das enchentes naquela região; ele queria o prazer a curto prazo. Essas são as características do tolo. Nunca pensam no "e se". E se essa linda casa, com esse fundamento fraco, vir a ser atingida por esse lindo rio à minha frente? Não, o tolo não pensa no que é mais seguro. Tudo o que esse homem fez foi se deitar na rede, em sua varanda, e curtir o pôr do sol. Ele não se perguntou: "E se esse lindo rio, que vejo todos os dias, transbordar?". A consequência todos nós sabemos: o rio transbordou e grande foi a sua queda (Mt 7:26,27).

O quarto conselho é: peça a Deus para te dar sabedoria. Hoje você pode estar cheio de sabedoria; amanhã você pode ser chamado de tolo. Sabedoria é uma decisão diária que fazemos e devemos pedir a Deus para nos prover de sabedoria para fazermos as melhores escolhas.

Capítulo 29

Como lidar com algo com que você não sabe lidar

Ó nosso Deus, não irás tu julgá-los? Pois não temos força para enfrentar esse exército imenso que está nos atacando. Não sabemos o que fazer, mas os nossos olhos se voltam para ti". Os planos fracassam por falta de conselho, mas são bem-sucedidos quando há muitos conselheiros (2 Cr 20:12; Pv 15:22).

Imagine que a presidente Dilma Rousseff aparecesse na televisão e dissesse: "Temosgrandes problemas, nossa economia está indo de mal a pior, estamos à beira de uma grande depressão, e eu não sei o que fazer". Você ficaria surpreso? Acredito que sim! Supomos que o líder sempre sabe das coisas. Foi isso o que aconteceu com o rei Jeosafá. Ele era um líder e foi avisado que um exército estava marchando contra seu país. Ele fez uma declaração para o povo: "Não sabemos o que fazer". "Espere um pouco"! Nenhum plano b, ou c ou d? Não! Nenhuma arma secreta? Não! Como ele lidou com uma situação que ele não sabia como lidar?

Em primeiro lugar, vemos que esse homem orou ao saber que os inimigos estavam marchando.

O que fazer quando você não sabe o que fazer? Você deve orar. A oração, para o rei Jeosafá, não era o último recurso a ser usado.

Uma senhora, falando a sua igreja, disse: "Meus irmãos, orem por mim. Tentei muitas coisas para resolver minha situação e não adiantou nada. Agora, a única coisa que me resta a fazer é orar!". Para essa senhora, a oração era o último recurso. Diferente do rei Jeosafá. Diz o texto que ele orou quando recebeu a notícia.

Em segundo lugar, ele reconheceu que não tinha forças para lidar com o exército. Você precisa entender que não tem forças suficientes para lidar com os reveses da vida. Se você confia em você mesmo, vai se frustrar. Se confia em Deus, não irá se abalar. Você precisa do poder de Deus no seu coração, habilitando-o a obedecer.

Em terceiro lugar, você precisa fixar os olhos em Deus. No livro do profeta Isaías 52:4, está escrito: "Tu, Senhor, conservarás em perfeita paz, aquele cujo coração esta firme em ti". Se você gasta muito tempo meditando sobre o que não pode fazer, vai ficar mais e mais confuso.

Em provérbios, há uma quarta lição muito importante sobre como lidar com situações com as quais não sabemos lidar. Está escrito: "Os planos fracassam por falta de conselho, mas são bem-sucedidos quando há muitos conselheiros" (Pv 15:22).

Quando estiver passando por uma situação nova para você, uma crise, um problema com o qual você realmente não sabe lidar, procure alguém que já passou pela mesma situação, ou alguém que seja um crente maduro na fé. Fale com essa pessoa e peça conselhos. O texto diz que os planos fracassam por falta de conselhos. Muitos erros que cometi na vida foi porque eu não pedi um simples conselho. Se quiser ser bem-sucedido na vida, seja um bom ouvinte de conselhos.

Como lidar com uma situação com a qual você não sabe lidar? Ore; reconheça que você não tem forças; foque em Deus e peça conselhos.

Capítulo 30

Como lidar com o sentimento de vazio

> *Eu vim para que tenha vida e vida em abundância* (Jo 10:22).

Jack Higgens, um autor de novelas de sucesso e muito famoso nos Estados Unidos, estava sendo entrevistado, e o jornalista fez uma pergunta a ele: "O que você gostaria de saber quando era garoto?" Ele respondeu: "Que quando você chega no topo, não há nada lá".

Jack Higgens não foi o único a sentir o vazio da alma. Elvis Presley, no começo de sua carreira, disse: "Quero ter dinheiro, fama e alegria". Alguns anos depois, um jornalista perguntou a ele se ele tinha conseguido o que queria no começo de sua carreira. A resposta de Elvis foi: "Tenho dinheiro, fama e me sinto miserável como se estivesse no inferno".

Qual é o propósito da vida? Para alguns, o propósito da vida é fazer dinheiro ou ter fama. Se esse for o seu propósito, você vai acabar como Jack Higgens e Elvis Presley: vazios.

Você nunca experimentará a verdadeira satisfação na vida enquanto não experimentar Deus.

Se você me perguntar então, qual o propósito da vida? Eu digo que o propósito da vida é conhecer a Deus e ter relacionamento com ele. Estamos aqui porque fomos criados por Deus e para Deus e a nossa alma nunca encontrará paz enquanto não o conhecermos intimamente.

O número de pessoas na Europa que estão cometendo suicídio aumentou desde a crise econômica mundial. Por quê? Porque para eles, o sentido da vida estava no dinheiro. Quando estive na Europa, há alguns anos, percebi que o número de europeus que não acreditam em Deus é grande. É isso o que acontece quando tiramos Deus do centro de nossas vidas e colocamos qualquer outra coisa. Porém, há esperança. Jesus disse: "Eu vim para que tenham vida, e tenham em abundância". Ele estava dizendo: "Eu vim para que vocês tenham uma vida com propósitos". "Eu vim para que vocês conheçam a Deus e tenham um relacionamento correto com Ele". Este é o propósito da vida: conhecer a Deus e ter relacionamento com Ele.

Por que eu me sinto vazio então, Edomm? Eu diria que o seu problema não é sua esposa, seu esposo, sua família, seu emprego, seu carro velho, sua aparência. Seu problema é relacionamento com Deus. Sua felicidade depende disso.

Não tente preencher o seu vazio no pecado, comprando, em relacionamentos ou em qualquer outra coisa. Não vai funcionar! Somente Deus pode preencher esse espaço.

Em primeiro lugar: para você se relacionar com Deus, você deve falar com ele. A oração é essencial para o seu relacionamento com Deus. Não há relacionamento sem oração.

Em segundo lugar: você precisa meditar em sua palavra. Na oração, você fala com Deus, e na leitura da Bíblia, Deus fala com você. Faça isso, e tenho certeza de que sua vida nunca mais será a mesma.

Capítulo 31

Como ser feliz num mundo infeliz

> *Alegrem-se sempre no Senhor. Novamente direi: alegrem-se!* (Fl 4:4).

Um paciente estava falando com o seu psicólogo sobre o quanto estava infeliz. O psicólogo disse: "Há um palhaço na cidade que, aliás, já indiquei para muitos pacientes. Ele faz qualquer pessoa rir. Eu tenho certeza de que se você assistir ao show desse palhaço, conseguirá dar muitas risadas". O homem disse: "Mas, doutor, eu sou esse palhaço!".

Todos buscam felicidade, até os palhaços! Talvez você seja como esse homem; consegue fazer os outros rirem, mas, no fundo, você é infeliz. É possível encontrar felicidade? Sim, é possível. O apóstolo Paulo era um dos homens mais felizes que já existiu. Preste atenção, por exemplo, como na carta aos filipenses ele não se cansa de dizer: "Alegrai-vos", por isso se chama a carta da alegria, porém, foi escrita dentro de uma prisão. Paulo não queria estar ali, mesmo assim, vemos qual era a sua atitude: "Alegrem-se sempre no Senhor. Alegrem-se!".

O apóstolo Paulo não tinha liberdade, em nenhum sentido da palavra. Como era costume da época, Paulo estava provavelmente algemado a dois soldados. Homens grotescos, que talvez blasfemassem o nome de Deus, e lá estava Paulo, um homem espiritual, educado, culto. Isso nos mostra um princípio importante: não importa a situação que você está, é possível ser feliz. Talvez, assim como Paulo, você esteja numa "prisão". Isso pode ser uma doença que te arrastou para a cama, talvez você esteja tendo que lidar com o fim de um relacionamento, talvez haja um problema que você não consegue resolver, você está numa situação ruim e não consegue sair. Você não está nesse estado porque quer, algo te arrastou para esse terrível estado, mas a boa notícia é: as situações podem ter te levado até onde você está agora, ainda assim é possível ter alegria. Como experimentar a alegria que Paulo experimentou?

Em primeiro lugar, nunca fundamente sua felicidade em pessoas. Paulo, em outras palavras, diz: "Não coloque sua felicidade em mim, Paulo. Eu posso morrer a qualquer hora". Ele era o pastor deles, o mentor, o plantador da igreja de Filipos, e, por isso, era natural que alguns estivessem deprimidos por causa da situação do apóstolo. No entanto, ele diz: "Não alegrem-se em mim, Paulo, alegrem-se no Senhor!".

Em segundo lugar, nunca fundamente sua felicidade nas circunstâncias. Se você for depender das circunstâncias para ser feliz, vai ter muitos problemas. Elas mudam o tempo todo, você nunca sabe o que vai acontecer no próximo momento. É tolice basear sua felicidade nas circunstâncias. Pense onde o apóstolo Paulo estava. Não havia motivos, humanamente falando, para ser feliz, mas ele era feliz.

Em terceiro lugar, nunca fundamente sua felicidade em você mesmo ou na sua capacidade. Paulo poderia pensar: eu sou um apóstolo, deveria estar numa situação melhor, deveria estar pregando, porque vim parar aqui nesse buraco? Mas veja a declaração maravilhosa que esse grande apóstolo faz: "Quero que saibam, irmãos, que aquilo que me aconteceu tem antes servido para o progresso do evangelho" (Fl 1:12). Ele não estava preocupado com o seu conforto, sua vida, sua situação. Para ele o que importava era o sucesso de Cristo e não o seu.

Em quarto lugar, nunca fundamente sua alegria em bens materiais. Paulo não tinha nada. Ele dependia das ofertas das igrejas do primeiro século. Qual é, então, o segredo desse grande apóstolo? Como podemos ser felizes num mundo infeliz? Como ele conseguiu ser feliz naquela situação?

A resposta está no capítulo quatro da carta aos filipenses, que diz: "Alegrem-se sempre no Senhor. Novamente direi: alegrem-se!" Eu poderia parar de escrever agora mesmo depois dessa declaração poderosa! Paulo nos ensina como encontrar a felicidade: em Cristo. A única maneira de você encontrar felicidade em Cristo é se sentir desesperadamente infeliz sem Ele.

Você está precisando de perdão? Jesus morreu para te perdoar. Está precisando de vida com sentido? Jesus veio para que você tenha vida e vida com abundância. Esta precisando de segurança? Jesus disse: "Dou-lhes a vida eterna e ninguém poderá arrebatar da minha mão". Você está precisando de força? Paulo disse: "Posso todas as coisas naquele que me fortalece". Não há nada no tempo e no espaço que sua alma anseie, que Ele, Cristo Jesus, não possa lhe dar. Se Jesus Cristo não puder te dar alegria, ninguém poderá. Nem as pessoas, suas situações ou suas posses. Jesus é a resposta. O Senhor, o nosso psicólogo, nunca morre, não muda, não fica velho.

Se o apóstolo Paulo pôde ser feliz na cadeia, você pode ser feliz aí mesmo onde está.

Essa é a cura para todas as emoções negativas e situações difíceis que tratei neste livro: "Alegrem-se no Senhor".